GÉOGRAPHIE ÉLÉMENTAIRE

DES

CINQ PARTIES DU MONDE

Coulommiers. — Imp. PAUL BRODARD. — 204-8-95.

COURS COMPLET DE GÉOGRAPHIE
A L'USAGE DES LYCÉES ET DES COLLÈGES

GÉOGRAPHIE ÉLÉMENTAIRE

DES

CINQ PARTIES DU MONDE

Contenant les matières indiquées par les programmes officiels du 28 janvier 1890

POUR LA CLASSE DE HUITIÈME

PAR

E. CORTAMBERT

HUITIÈME ÉDITION

PARIS
LIBRAIRIE HACHETTE ET Cie
79, BOULEVARD SAINT-GERMAIN, 79

TABLE DES MATIÈRES

NOTIONS ÉLÉMENTAIRES

DE

GÉOGRAPHIE GÉNÉRALE

GLOBE ET PLANISPHÈRE

La Terre est ronde; sa circonférence est divisée en 360 *degrés*, le degré comprend 60 *minutes*, et la minute 60 *secondes*[1].

Elle tourne sur elle-même dans l'espace de vingt-quatre heures. On appelle *axe* la ligne imaginaire sur laquelle se fait ce mouvement; les *pôles* sont les extrémités de cet axe; l'*équateur* est un cercle qui, placé à égale distance des deux pôles, coupe le globe en deux *hémisphères*.

Les *méridiens* sont des cercles perpendiculaires à l'équateur et passant tous par les pôles.

Les *parallèles* sont des cercles parallèles à l'équateur: parmi ces cercles, on remarque les *tropiques du Cancer* et du *Capricorne*, et les *cercles polaires arctique* et *antarctique*.

Horizon, points cardinaux, zones. — L'*horizon* est un cercle dont la circonférence est la limite naturelle de notre vue autour de nous.

Il y a sur l'horizon quatre *points cardinaux* : 1° le *nord* ou *septentrion*, qui est aussi appelé point *boréal;* 2° le *sud* ou *midi*, qui se nomme aussi point *austral* ou *méridional;* 3° l'*est*, *levant* ou *orient;* 4° l'*ouest*, *couchant* ou *occident*.

1. On désigne les degrés par ce signe °, les minutes par celui-ci ′, les secondes ainsi ″.

— On compte aussi quatre *points collatéraux* : le *nord-est*, le *nord-ouest*, le *sud-est* et le *sud-ouest*.

Il se trouve, entre les points précédents, des points *intermédiaires*, dont les principaux sont : le *nord-nord-est*, le *nord-nord-ouest*, l'*est-nord-est*, l'*ouest-nord-ouest*, le *sud-sud-est*, le *sud-sud-ouest*, l'*est-sud-est* et l'*ouest-sud-ouest*[1].

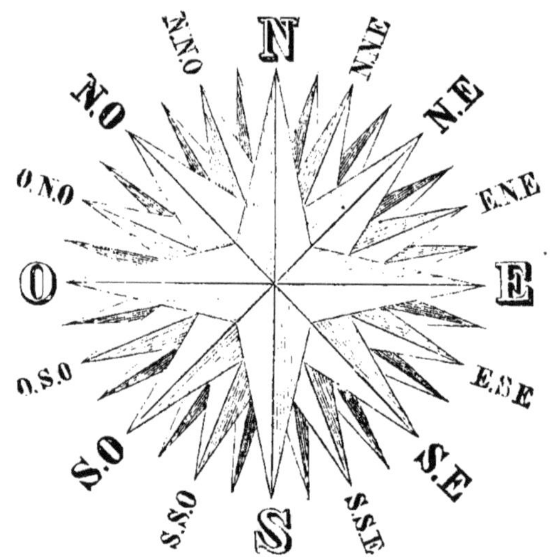

Rose des vents.

Il y a cinq *zones*, établies d'après les principales températures qui règnent sur le globe : la *zone torride*, entre les deux tropiques; les deux *zones tempérées boréale* et *australe*, entre les tropiques et les cercles polaires; les *zones glaciales arctique* et *antarctique*, autour des pôles.

Latitude, longitude. — La *latitude* est la dimension du globe du nord au sud; elle est coupée par l'équateur en deux parties, dont chacune a 90 degrés; on distingue donc une *latitude* N. et une *latitude* S. — La *longitude* est la dimension du globe de l'ouest à l'est; elle est coupée par

1. On abrège les noms de *nord*, *sud*, *est*, *ouest*, en écrivant N., S., E., O.

un premier méridien en deux parties, dont chacune comprend 180 degrés; il y a par conséquent une *longitude* E. et une *longitude* O. On n'est pas d'accord sur le choix du premier méridien; les Français comptent la longitude à

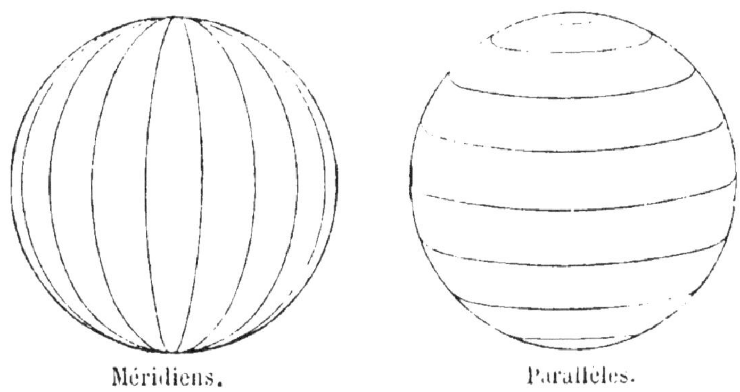

Méridiens. Parallèles.

partir du méridien de l'Observatoire de Paris; les Anglais font passer leur premier méridien par Greenwich, d'autres nations à l'île de Fer (dans les îles Canaries).

CARTES GÉOGRAPHIQUES, PROJECTIONS, ÉCHELLE, ETC.

Pour représenter la Terre on se sert de *globes artificiels* et de *cartes*.

La carte qui représente la Terre entière est la *mappemonde* ou *planisphère*. Tantôt elle en montre séparément les deux hémisphères, parce qu'il serait impossible de voir sur le papier le globe tout entier tel qu'il est naturellement, la moitié supérieure cacherait la moitié inférieure : c'est ce qu'on appelle proprement une mappemonde. Tantôt on ne cherche pas à rendre la rondeur de la Terre, mais on enlève en quelque sorte au globe sa surface, on la développe et on l'étend, aplatie, sur le papier; alors la carte est carrée et l'on n'a pas besoin de faire deux hémisphères séparés : ce sont ces cartes qu'on désigne particulièrement par le nom de planisphères.

Les autres cartes sont appelées *générales*, si elles offrent une grande contrée dans son ensemble, et *particulières*, si elles décrivent seulement des parties d'une contrée principale. On nomme cartes *topographiques* les cartes qui représentent des détails très multipliés et jusqu'aux moindres lieux.

Les cartes *hydrographiques* ont pour objet de faire connaître les eaux. On nomme spécialement *cartes marines* celles qui ont pour but la description des mers et qui sont propres à guider les navigateurs.

C'est sur les marges de l'est à l'ouest, à chaque parallèle tracé, qu'on inscrit les numéros indiquant les degrés de latitude. Les degrés de longitude sont marqués sur les marges du nord et du sud, ou le long de l'équateur, à chaque méridien tracé.

L'*échelle* est la mesure placée sur les cartes à côté des pays représentés, et au moyen de laquelle on peut évaluer sur la carte la distance des lieux et l'étendue des pays en *mesures itinéraires*, telles que *kilomètres*, *lieues*, etc. On dit qu'elle est au 100000e, au 50000e, au 20000e, etc., quand le dessin est 100000 fois, ou 50000 fois, ou 20000 fois, etc., plus petit que le pays qu'il représente. Si l'échelle est plus grande que le 10000e, la carte peut porter le nom de *plan*.

Il y a 10000000 de mètres, c'est-à-dire 10000 kilomètres, dans le quart du méridien terrestre. La Terre a donc 40000 kilomètres de tour. Dans un des 360 degrés d'un grand cercle terrestre, c'est-à-dire dans un degré de l'équateur et du méridien, il entre 111 kilomètres, — comme d'un autre côté, la Terre a 9000 lieues communes de terre, il y a 25 lieues dans un degré. La lieue égale 4 kilomètres et demi.

ATMOSPHÈRE

De la température. — L'atmosphère (c'est-à-dire *sphère des vapeurs*) est ce fluide transparent et léger qui environne partout la Terre, et qui se compose de l'*air* et des *vapeurs*.

Il est difficile de dire la hauteur de l'atmosphère; mais on a cru pouvoir l'évaluer à 60 ou 80 kilomètres.

L'air est dilaté par la chaleur et condensé par le froid.

Le Soleil est la source principale de la chaleur qu'on éprouve à la surface du globe et dans l'atmosphère. La surface terrestre échauffée communique sa température aux couches d'air voisines. Plus les couches sont élevées, c'est-à-dire éloignées de la Terre, moins la chaleur s'y fait sentir, de sorte que, même sous l'équateur, un froid rigoureux règne constamment dans les hautes régions de l'atmosphère.

La température de la surface du globe est modifiée principalement suivant la *distance à l'équateur*, et suivant les saisons.

Des vents (**vents alizés** et **vents variables, moussons, cyclones**, etc.). — L'action de la chaleur qui raréfie l'air et celle du froid qui le condense, cause dans l'air une agitation continuelle qui constitue les *vents*.

Le vent est modéré quand il parcourt 2 mètres par seconde ou environ 7 kilomètres par heure. Il est fort, s'il se meut avec une vitesse de 10 mètres par seconde ou d'environ 36 kilomètres par heure. Il y a tempête, quand il parcourt 22 mètres par seconde ou 81 kilomètres par heure. Dans un ouragan qui déracine les arbres et renverse les édifices, il acquiert jusqu'à 43 mètres par seconde et 162 kilomètres par heure.

On distingue les vents *constants* ou *généraux*, les *vents périodiques* et les *vents variables*.

Les vents ont d'autant plus de constance, qu'on se rapproche plus de la zone torride. Ils sont déjà très variables dans les zones tempérées, où l'on appelle vents *dominants* ceux qui soufflent le plus fréquemment. Dans les régions polaires, l'inconstance du vent est extrême, et souvent il change de direction au bout de quelques minutes : il semble souffler alors de tous points de l'horizon.

Les plus remarquables des vents constants sont les **vents alizés.** Ils soufflent généralement de l'E. à l'O. dans la zone torride.

C'est en pleine mer principalement qu'on observe les vents alizés. Leur direction subit quelques variations, suivant les époques de l'année. Dans l'océan Indien, les vents alizés ne règnent qu'au S. du 10e degré de latitude méridionale.

Les **moussons** (mot tiré de l'arabe et signifiant *saison*)

Vents alizés.

sont des vents périodiques de six mois, qui se font sentir dans la zone torride, principalement sur les mers qui s'enfoncent profondément dans les terres, comme celles qui appartiennent à l'océan Indien et à la partie occidentale du Grand Océan. On les distingue en *mousson du printemps* et *mousson d'automne.* Dans l'hémisphère N., la mousson dite du *printemps* commence en avril et la mousson d'*automne* en octobre. Dans l'hémisphère S. c'est la mousson dite d'*automne*, qui commence en avril, et la mousson du *printemps* qui commence en octobre.

La mousson est toujours dirigée vers l'hémisphère que le soleil échauffe le plus.

Le changement d'une mousson à l'autre est ordinairement accompagné de tempêtes affreuses et de pluies abondantes.

Il règne le long des côtes, en général, des vents périodiques de douze heures appelés *brises*, qui soufflent, pendant le jour, de la mer vers la terre, et pendant la nuit, de la terre vers la mer. Pendant le jour, en effet, le sol s'échauffe plus que la mer, et l'air qui repose sur celle-ci souffle vers le sol; réciproquement, l'air reflue vers la mer quand le sol est retombé le soir au-dessous de la température de l'eau.

Les vents sont chauds ou froids, suivant la température des contrées d'où ils viennent ou qu'ils ont parcourues. En Europe, le vent le plus froid en général est celui du N.; le plus chaud, celui du midi. — Le *mistral* est un vent impétueux et froid, qui se fait sentir dans le S. E. de la France, dans le golfe du Lion et le N. E. de l'Italie.—Le *siroco*, en Italie, est un vent méridional d'une chaleur suffocante; — le *solano*, autre vent de S., exerce une action semblable dans les parties orientales et méridionales de l'Espagne. — Le *khamsyn* (c'est-à-dire *cinquante*) est un vent étouffant du midi qui souffle en Égypte pendant cinquante jours presque consécutifs. — Le *simoun* (dont le nom signifie *vénéneux* en arabe) vient, à des intervalles fréquents, de l'intérieur des déserts de l'Arabie et du N. de l'Afrique.

Les *tempêtes* sont des agitations violentes de l'air.

Les *ouragans*, plus terribles encore que les tempêtes, sont fréquents dans les régions tropicales, et se font également sentir, mais plus faiblement, pendant les étés de nos climats. Ils sont en général causés par une chaleur trop violente, qui a raréfié extrêmement l'air sur un point. — Les *ty-fons* (ou plutôt *to-foung*, en chinois *grand-vent*) sont de terribles ouragans qui règnent de juillet à octobre dans la mer de Chine.

Les *grains* sont de petites et courtes tempêtes qui se forment tout à coup.

Les *cyclones*, surtout communs dans l'océan Indien, sont des coups de vent circulaires très dangereux. Les cyclones se font également sentir dans l'intérieur des continents.

Les *trombes* sont des mouvements atmosphériques tourbillonnants, très dangereux aussi, qui se distinguent en *trombes de mer* ou *de lac* (appelées encore *siphons*), et *trombes de terre*.

Les premières sont généralement les plus redoutables : elles forment des cylindres ou des cônes animés d'un mouvement rapide de rotation et de translation, et où l'eau de la mer ou des lacs s'élève avec force : le golfe de Guinée y est très exposé.

Les trombes de terre présentent aussi des cônes et des cylindres, mais moins considérables; elles tournent également, et, au lieu d'eau, elles entraînent et jettent çà et là des arbres, des toits de maisons, d'autres masses énormes, renversent les murs les plus solides et répandent dans un instant la désolation sur une grande étendue.

DISTRIBUTION DE LA PLUIE

La *pluie* est une abondante précipitation de vapeurs. — Les *orages* sont des chutes subites de pluies accompagnées de vents violents, souvent de coups de tonnerre, quelquefois de grêle ou d'autres phénomènes destructeurs. Les orages sont généralement plus fréquents et beaucoup plus violents dans les pays de montagnes que dans les plaines.

Les pluies sont moins abondantes, en général, dans les plaines et les cantons découverts que dans les montagnes et les pays boisés, plus propres à attirer les nuages. Les Alpes sont les parties de l'Europe où il pleut le plus (de $1^m,50$ à 2 mètres par an).

La quantité de pluie varie selon les climats et les saisons et dépend beaucoup aussi du voisinage ou de l'éloignement des mers. Elle est plus grande dans les contrées chaudes que dans les pays froids, en été qu'en hiver, le jour que la nuit, près des côtes que dans l'intérieur des continents.

L'ouest de l'Europe reçoit beaucoup plus de pluie que l'est. A Paris, il en tombe annuellement environ 56 centimètres.

CLIMATS

La température est loin d'être toujours la même pour les lieux qui sont à la même latitude.

Ainsi en Europe, les lignes *isothermes* ou d'égale chaleur ne suivent pas, à beaucoup près, les cercles parallèles de l'équateur. — Il fait plus chaud sur les bords de l'Atlantique que dans l'intérieur des terres, par le fait de l'influence tempérée du *Gulf-stream* ou courant du golfe du Mexique qui vient jusque sur nos côtes de l'occident de l'Europe apporter de doux effluves. Par conséquent, à latitude égale, on a en Norvège, en Irlande, dans la Grande-Bretagne, en France une température plus chaude qu'en Allemagne, qu'en Autriche et surtout qu'en Russie.

L'hémisphère boréal est plus chaud que l'hémisphère austral, et la vaste calotte de glace qui entoure le pôle S. s'étend plus que celle du N.

Puisque, à mesure qu'on s'élève, la température s'abaisse, les sommets de beaucoup de montagnes éprouvent un froid rigoureux, et même sont couverts de *neiges éternelles*. Dans la zone torride, la limite des neiges varie de 4800 à 4500 mètres. Cependant dans la Cordillère de la Bolivie, elle se montre à 5600 mètres ; et sur l'Himalaya, à 30 degrés de latitude N., elle s'élève à 5000 mètres.

On appelle *avalanches* les amas de neige qui roulent du haut des montagnes.

Les *glaciers* sont des amas de glace qui couvrent les montagnes revêtues de neiges éternelles, et particulièrement le haut des vallées de ces montagnes. Ils se forment de neiges fondues, affaissées et consolidées. Dans les Alpes, il y en a de plusieurs kilomètres d'étendue.

LA MER

La mer couvre environ les trois quarts de la surface du globe. Elle s'étend principalement dans l'hémisphère austral.

Comparées à l'épaisseur de la Terre, les mers ne forment qu'une couche très mince. Elles constituent dans leur ensemble l'*Océan*.

L'immensité des mers est toujours en mouvement. Alors même qu'elle est paisible, des rides, des plis se montrent à sa surface. Le vent souffle-t-il avec force, ces plis deviennent des *vagues*, des *lames*, des *flots*, qui s'élèvent en écumant, se brisent les uns contre les autres, et frappent le rivage avec fureur.

Pendant les calmes, les plis de la mer se succèdent en longues ondulations, à 200 ou 300 mètres d'intervalle. Par des vents de tempête, les vagues se heurtent en tous sens et se soulèvent parfois à plus de 20 mètres. Dumont d'Urville affirme avoir rencontré des vagues de 33 mètres de hauteur, au fond desquelles le navire descendait comme dans une vallée.

L'Océan se divise en cinq parties : 1° l'*océan Atlantique*, à l'O. de l'ancien continent et à l'E. du nouveau ; 2° le *Grand Océan* ou *océan Pacifique*, à l'E. de l'ancien continent et de l'Australie, et à l'O. du nouveau continent ; 3° l'*océan Indien*, au S. E. de l'ancien continent et à l'O. de l'Australie ; 4° l'*océan Glacial arctique*, qui s'étend au N. des deux grands continents ; 5° l'*océan Glacial antarctique*, dans la zone glaciale du Sud.

MARÉES

Par l'effet de l'attraction de la Lune et du Soleil, les eaux de la mer s'élèvent et s'abaissent deux fois par jour. Ce mouvement s'opère presque partout lentement, sans secousses : durant environ six heures les eaux montent audessus de leur niveau et se répandent sur les rivages ; elles

La mer.

paraissent alors quelques minutes dans un état stationnaire, puis redescendent pendant six autres heures.

Ainsi ces oscillations régulières élèvent et abaissent la masse de l'Océan deux fois dans l'intervalle de 24 heures 50 minutes : c'est ce qu'on appelle les *marées*, divisées en *marée montante* ou *flux* et *marée descendante* ou *reflux*.

Des parages équatoriaux les marées s'avancent vers le N. et vers le S., en s'affaiblissant dans les mers qui n'ont que d'étroites ouvertures : ainsi, par le fait du détroit de Gibraltar, elles sont à peu près nulles dans la Méditerranée.

La hauteur de la marée dépend beaucoup de la disposition des côtes.

Le flux qui s'introduit dans la plupart des fleuves tributaires de l'Océan s'engouffre souvent avec violence dans certains estuaires, formant une masse écumeuse semblable à une muraille mouvante. Ce phénomène est connu sous le nom de *barre* et de *mascaret*. La Seine, la Gironde, le fleuve des Amazones, le Gange ont des barres remarquables.

On appelle plus particulièrement *mascaret* le phénomène qui se produit dans la Gironde et la Dordogne.

COURANTS

Un des plus importants phénomènes des océans et des mers, ce sont les *courants*, causés surtout par les différences de température qui règnent dans les diverses parties de la mer et par la rotation de la Terre.

Il existe deux mouvements généraux des eaux : d'abord des pôles à l'équateur, c'est-à-dire un double courant *polaire* par suite de la grande évaporation qui attire les eaux froides ; ensuite, dans la zone torride, le mouvement général de l'E. à l'O., c'est-à-dire un *courant équatorial*, parce que les eaux de cette zone ne peuvent pas suivre la rotation du globe, plus rapide là que partout ailleurs. Cet énorme courant, en frappant les terres, produit beaucoup de courants particuliers. Voici les principaux de ces courants :

1° Le courant **équatorial** de l'**Atlantique** qui se dirige de l'E. à l'O., de l'Afrique à l'Amérique méridionale, en passant au sud d'une partie de l'Océan pleine de fucus et qu'on appelle *mer de Sargasse.*

2° Le **Gulf-stream** ou courant du golfe, majestueux courant qui peut être considéré comme la conséquence du précédent, se forme dans le *golfe* du Mexique. Les eaux, arrêtées par le littoral du continent américain, rebondissent, pour ainsi dire, contre les côtes, contournent rapidement le golfe et, après avoir franchi un espace resserré entre la Floride et les Lucayes, apparaissent au milieu de l'Océan comme une sorte d'immense fleuve, puis s'élargissent, s'épanouissent progressivement et apportent sur nos côtes européennes une douce température.

C'est en tournoyant dans le golfe du Mexique que les eaux du courant se réchauffent graduellement. A leur sortie elles ont jusqu'à 30 degrés de chaleur, tandis que les eaux environnantes de la mer conservent une température relativement froide.

3° Le double **courant équatorial** du **Pacifique** (au N. et au S. de l'équateur).

4° Le **courant noir du Japon** ou **Kouro-Sivo**, qui va de l'Asie à l'Amérique du Nord, en se dirigeant d'abord du S. O. au N. E., puis de l'O. à l'E. dans le nord de l'océan Pacifique : cet immense courant est une sorte de Gulf-stream qui longe les côtes d'Asie.

5° Le courant **équatorial de l'océan Indien** s'avance de l'E. à l'O. dans cet océan.

La connaissance des courants est d'une grande importance pour la navigation.

LE FOND DES MERS. — LA VIE SOUS-MARINE

Le lit des mers se déroule le plus souvent, non horizontalement, mais en longues ondulations et en pentes douces. Sur certains points, cependant, le fond de l'Océan présente des vallées, des creux, des espèces de failles qui rappellent le relief des régions montagneuses. Plus on s'approche du sud de l'hémisphère austral, plus la mer est profonde. Là, en effet, par suite de l'absence de larges masses continentales, les espaces maritimes occupent une immense étendue.

La sonde, dans l'Océan Pacifique, à l'Est des îles Kouriles, a plongé jusqu'à 8000 mètres. Ainsi la plus grande profondeur de la mer, comme la plus grande hauteur de la terre, est d'environ 8000 mètres.

Le fond de la mer est loin de partager la **température** de la surface. A de grandes profondeurs l'eau se refroidit d'une manière sensible. Presque partout la chaleur diminue graduellement de la surface au fond des mers; mais à partir de 1200 mètres, la température paraît s'uniformiser; elle se maintient presque toujours de 2 à 3 degrés au-dessus de zéro.

L'eau de la mer n'a pas toujours la même **coloration,** elle est généralement moins foncée dans le voisinage des côtes.

L'eau de la mer étant salée, son poids est toujours supérieur à celui de l'eau douce. La salinité est certainement plus faible dans les régions froides et tempérées que vers l'équateur. Par le fait même de l'évaporation due à la chaleur solaire, la Méditerranée est plus saturée que l'Atlantique. La mer Noire, au contraire, où débouchent de grands fleuves, le Danube, le Don, etc., est d'une salinité moins prononcée. Il en est de même des eaux de la Baltique. De toutes les mers communiquant avec l'Océan, la mer Rouge est celle qui renferme le plus de sel; c'est presque un bassin fermé et l'évaporation y est très grande.

L'Océan est le monde de la vie. Il est infiniment plus riche en espèces animales qu'en variétés végétales. Les plantes surnagent à la surface des flots, ou s'attachent aux rochers. Ce sont des algues, des fucus. Des espaces immenses sont parfois couverts de plantes marines. Nous avons signalé plus haut la célèbre mer de Sargasse, dans l'Atlantique.

Quant aux animalcules, leur nombre est si élevé, que les eaux en deviennent pour ainsi dire vivantes. La coloration de la mer est très souvent due à des myriades de ces petits êtres, qui donnent aux eaux, tantôt l'apparence du sang, tantôt celle du lait. La phosphorescence de la mer a également pour origine les animalcules qui se développent spontanément et en nombre infini par les temps chauds ou orageux et viennent à la surface des mers.

Le fond de l'Océan est presque partout parsemé de petits animaux. Au-dessus de la vie animale microscopique est celle des êtres parfaitement visibles et dont le nombre souvent prodigieux peut être évalué, même dans des espaces restreints, à plusieurs milliards. Ainsi les méduses aux couleurs changeantes occupent souvent une étendue de plus de 50 kilomètres.

Les mollusques paraissent affectionner certains parages. Les bancs d'huîtres, de moules, de divers coquillages tapissent surtout le fond de golfes abrités. Leur nombre est également très élevé.

Quant aux poissons, on les voit souvent apparaître en légions pressées, poussées par une force irrésistible. Les harengs, par exemple, forment des bancs énormes que suivent des oiseaux de mer, des squales, des cétacés, avides d'une proie facile, et que l'homme attend comme une des sources de la fortune. Des Hollandais et des Anglais de quelques districts seulement en prennent jusqu'à 200 millions. La pêche totale annuelle doit dépasser un milliard.

Au banc de Terre-Neuve, les deux courants maritimes chaud et froid donnent naissance à une grande diversité d'animaux. Les morues y abondent tellement sur certains points, que les instruments de pêche n'ont qu'à plonger pour s'en emparer. La fécondité de ces animaux tient du prodige ; on a compté plus de 9 millions d'œufs dans une morue.

Les plus gros animaux de la création sont également ceux de l'Océan. Le géant de toutes les espèces n'est-il pas en effet la baleine, à côté de laquelle l'éléphant lui-même semble de petite dimension ? Ainsi la mer voit naître à la fois les êtres les plus faibles et ceux qui par leur force et leur grandeur occupent le premier rang.

RÉGIONS POLAIRES

Les régions arctiques et antarctiques sont soumises aux mêmes lois climatériques et présentent des phénomènes semblables, *icebergs*, *banquises*, *aurore boréale* [1], etc.

La température est néanmoins plus rigoureuse encore au pôle sud qu'au pôle nord, par suite de l'absence de grands continents dans l'hémisphère austral. Quoi qu'il en soit, les voyageurs qui se sont avancés dans les contrées arctiques ont constaté un froid de plus de 50 degrés. Ils ont vu le mercure se congeler, la vapeur d'eau bouillante se transformer subitement en une sorte de buisson de glace, le fer tellement froid, qu'en le touchant une minute seulement la main était gelée, frappée d'insensibilité.

Les mers polaires du Nord sont prises par les glaces à partir du mois de septembre jusqu'en juin. Pendant de longues semaines le soleil disparaît ou ne se montre que durant quelques heures. Le ciel n'est alors éclairé durant des mois entiers que par les astres et les aurores boréales.

D'après des observations de plusieurs voyageurs, Kane, Hayes, etc., il y aurait au pôle arctique même une mer libre de glaces. On lui a donné tour à tour les noms de *mer de Kane*, de *Polynia*, de mer *Paléocrystique*. Plusieurs explorateurs ont nié l'existence de cette mer, entre autres Nordenskiœld, qui la considère comme une hypothèse sans fondement, et les derniers navigateurs qui ont dépassé les

1. On entend par *icebergs*, des montagnes de glace flottantes, — par *banquises*, des bancs flottants de glace qui ont souvent une grande étendue, qui se détachent parfois des côtes et sont emportés par les courants. — Les *aurores boréales*, phénomène intimement lié au magnétisme terrestre, se présentent presque toujours dans les régions polaires, — aussi fréquemment dans la zone antarctique que dans la zone arctique. Au milieu de la nuit, le ciel s'empourpre; une sorte d'arc enflammé, traversé de temps à autre par des espèces d'éclairs, s'étend sur une surface immense. On aperçoit très souvent des aurores boréales en Scandinavie, en Groenland, en Islande, — et quelquefois ce phénomène se produit égalcment dans nos contrées.

Vue prise dans l'océan Glacial arctique.

limites de leurs prédécesseurs ne l'ont pas retrouvée.

C'est Markham, à la tête de quelques braves matelots anglais, qui, jusqu'à présent, a atteint le point le plus rapproché de l'extrémité de l'axe terrestre, le 83° 20'. Il n'y est pas arrivé sous voiles, mais à l'aide de traîneaux et après des fatigues inouïes.

Malgré les efforts si courageusement tentés, il reste encore une assez grande distance à parcourir pour franchir l'espace compris entre les derniers points explorés et le pôle nord. La distance est encore bien plus grande pour toucher le pôle sud.

Les principaux voyageurs qui ont marqué dans ces grandes campagnes polaires, sont John et James Ross, Franklin, qui a péri si malheureusement avec ses compagnons, au milieu des glaces sur les côtes nord de l'Amérique ; Rae, Belcher, Inglefield, Kennedy, Bellot, voyageur français, qui est allé, comme les précédents, à la recherche de Franklin, et qui est mort victime de son dévouement ; Mac-Clure, qui a reconnu le premier le passage nord-ouest, c'est-à-dire la continuité de la mer entre l'Atlantique et le Pacifique par l'océan Glacial. Mac-Clintock a recueilli les débris de l'expédition de Franklin, non loin de l'embouchure du Back.

En 1827, le commodore Parry, de la marine anglaise, atteignit en traîneau, par la voie du Spitzberg, le 82° 45'. Ce fut pendant une trentaine d'années le point extrême signalé par les Européens.

Les Américains Kane, en 1854, — Hayes, en 1861, — Hall, en 1871, sont arrivés, en longeant les côtes occidentales du Groenland, à une latitude presque aussi élevée que le voyageur Parry. Ils dépassèrent tous le 82°. Morton, compagnon de Kane, salua, assure-t-il, la mer libre du haut du cap *Constitution*. Hayes planta également la bannière américaine dans les mêmes parages. Le docteur Hall s'avança sur son navire *le Polaris* jusqu'au 82° 16' de latitude.

Deux bâtiments frétés par les Anglais, *l'Alert* et *la Discovery*, pénétrèrent en 1875 jusqu'au 82° 24', point qu'aucun vaisseau n'avait encore atteint. Nous venons de dire que Markham, l'un des chefs de l'expédition de *l'Alert* et de *la*

Discovery, parvint au 83° 20′. En plongeant du côté du nord, le regard des explorateurs n'aperçut aucune ligne pouvant faire supposer le voisinage rapproché d'une mer.

Depuis, les Américains ont tenté inutilement de pousser jusqu'au pôle nord.

Les parages antarctiques, enveloppés de glaces sur un espace infiniment plus considérable que le pôle nord, n'ont jusqu'à présent été visités que par une douzaine de voyageurs, entre autres par Cook qui en 1773 s'est avancé jusqu'au 71° 10′, par Förster, Dumont d'Urville en 1837-1838, James Ross en 1839, etc. Dumont d'Urville découvrit les terres auxquelles il donna le nom de *Louis-Philippe*, de *Joinville* et d'*Adélie*. John Ross s'est avancé jusqu'au 78°.

LES CONTINENTS

COMPARAISON DES PRINCIPAUX TRAITS DE LA GÉOGRAPHIE PHYSIQUE DANS LES CINQ PARTIES DU MONDE. — DIVISION DE LA SURFACE DU GLOBE EN TERRES ET EN EAUX.

Les terres, placées en majeure partie au nord de l'équateur, n'occupent qu'environ un tiers de cette surface. Sur 510 000 000 de kilomètres carrés dont se compose la surface du globe, il y en a 135 000 000 pour les terres et 375 000 000 pour la mer.

Les terres forment trois *continents* et un grand nombre d'*îles*. Les premiers sont : 1° l'*Ancien continent*, comprenant trois parties du monde : l'*Europe*, l'*Asie* et l'*Afrique* ; 2° le *Nouveau continent* ou l'*Amérique*, qui est la quatrième partie du monde ; 3° l'*Australie* ou *Nouvelle-Hollande*, ou *continent Austral*, bien moins considérable que les deux autres continents, et compris dans une cinquième partie du monde, nommée *Océanie*.

L'Ancien et le Nouveau continent ont entre eux des rapports de forme très remarquables ; chacun présente deux grandes masses : l'une septentrionale, l'autre méridionale ;

la masse du nord, dans l'Ancien continent, comprend l'Europe et l'Asie; la masse du sud forme l'Afrique; — la masse du nord, dans le Nouveau continent, est l'*Amérique septentrionale;* la masse du sud, l'*Amérique méridionale*. Dans chaque continent, ces deux masses sont réunies par un isthme, resserré entre deux enfoncements de la mer; dans chacun, la masse septentrionale est plus considérable et beaucoup plus irrégulière que la masse méridionale; enfin les parties australes des continents ont une grande ressemblance, et s'avancent également au S. en longues pointes. La longueur de l'Ancien continent, qui est le plus étendu, est dirigée du N. E. au S. O.; celle du Nouveau, du N. N. O. au S. S. E. Il faut remarquer que la masse du nord de l'Ancien continent s'étend de l'E. à l'O., tandis que celle du Nouveau continent s'étend du N. au S. Dans chaque continent, la masse du S. a sa plus grande longueur du N. au S. Enfin les presqu'îles nombreuses que renferme chacune des deux masses septentrionales sont généralement tournées vers le S.

Les continents offrent une surface de 125 000 000 de kilomètres carrés; les îles, de 10 000 000 de kilomètres carrés.

L'Ancien continent a 79 330 000 kilomètres carrés; le Nouveau, 37 980 000, et le continent Austral, 7 660 000.

SITUATION ET GRANDEUR RELATIVES DES PARTIES DU MONDE

L'Europe, qui occupe le N. O. de l'Ancien monde, est la plus petite des cinq parties du globe, mais la plus importante par sa civilisation. Les côtes en sont extrêmement découpées : on y voit beaucoup de presqu'îles, dont les principales sont la *Scandinavie*, au N., la *péninsule Hispanique*, au S. O., l'*Italie* et la *péninsule Balkano-Hellénique*, au S.

L'Asie, qui occupe l'E. de l'Ancien continent, est la plus grande. Elle a aussi des côtes assez irrégulières. Au N., s'avance fort loin le cap *Nord-Est*, le plus boréal de l'Ancien monde; à l'E., sont les presqu'îles de *Kamtchatka* et de *Corée;* — au S., la presqu'île de l'*Indo-Chine* (avec celle de *Malaka*), et la presqu'île de l'*Hindoustan*, appelées dans leur ensemble les *presqu'îles de l'Inde;* — au S. O., est la presqu'île d'*Arabie*, et, à l'O., celle de l'*Asie Mineure*.

L'Afrique se trouve dans le S. O. de l'Ancien continent. Elle a une forme régulière et des côtes sans découpures. Elle figure presque un grand triangle, allongé du N. au S.

L'Amérique du Nord a des côtes très échancrées, comme celles de l'Europe et de l'Asie, et il s'y trouve beaucoup de presqu'îles, telles que le *Labrador*, à l'E., la *Floride*, le *Yucatan*, au S., et la *Californie*, à l'O.

L'Amérique méridionale a une forme régulière et des côtes presque partout uniformes, comme celles de l'Afrique.

L'Océanie, composée d'un grand nombre de terres disséminées au S. E. de l'Asie, a pour région principale l'*Australie*, qui a une forme assez régulière et figure presque un ovale.

Comparaison de l'étendue et de la population des parties du monde :

	Kilom. carrés.	Population.
Europe continentale....................	9 030 000	360 000 000
Europe avec les îles....................	10 180 000	
Asie continentale......................	41 200 000	825 000 000
Asie avec les îles	42 160 000	
Afrique continentale....................	29 100 000	170 000 000
Afrique avec les îles	29 700 000	
Amérique continentale..................	37 980 000	125 000 000
Amérique avec les îles (Groenland), etc...	42 480 000	
Australie................................	7 660 000	35 000 000
Australie avec les îles, ou Océanie.......	10 850 000	

Ainsi la superficie des parties du monde est de 135 millions de kilomètres carrés, et la population générale du globe s'élève à environ 1 milliard 500 millions d'habitants.

OCÉANS, GRANDES MERS ET PRINCIPAUX GOLFES

L'Océan, qui est la masse générale de la mer répandue sur le globe, se divise en cinq parties : 1° l'*océan Atlan-*

tique, à l'O. de l'Ancien continent et à l'E. du Nouveau; 2° le *Grand Océan* ou *océan Pacifique*, à l'E. de l'Ancien continent et de l'Australie, et à l'O. du Nouveau continent; 3° l'*océan Indien*, au S. E. de l'Ancien continent et à l'O. de l'Australie; 4° l'*océan Glacial arctique*, qui s'étend au N. de l'Ancien et du Nouveau continent; 5° l'*océan Glacial antarctique*, dans la zone glaciale du S.

Parmi les avancements formés par l'Océan dans les terres, le plus remarquable est la mer *Méditerranée*, produite par l'ATLANTIQUE et située entre l'Europe, l'Afrique et l'Asie.

Elle comprend plusieurs autres mers, telles que l'*Adriatique*, l'*Archipel* et la mer *Noire*.

L'océan Atlantique forme encore, dans l'Ancien continent, la mer *Baltique* et la mer du *Nord*, en Europe, et le golfe de *Guinée*, en Afrique. Sur la côte de l'Amérique, il forme la mer d'*Hudson*, le golfe du *Mexique* et la mer des *Antilles*.

LE GRAND OCÉAN OU OCÉAN PACIFIQUE comprend, au N., la mer de *Beering*, située entre l'Amérique et l'Asie. Il forme, à l'E., en Amérique, la mer *Vermeille* ou le golfe de *Californie;* — à l'O., sur la côte d'Asie, la mer d'*Okhotsk*, la mer du *Japon*, la mer *Jaune*, la mer de *Corée* et la mer de *Chine*.

L'OCÉAN INDIEN forme, au S. de l'Asie, le golfe du *Bengale*, la mer d'*Oman* et le golfe *Persique;* — entre l'Afrique et l'Asie, la mer *Rouge*, appelée aussi golfe *Arabique*.

L'OCÉAN GLACIAL ARCTIQUE comprend la mer *Blanche*, en Europe, et la mer *Polaire de Kane*, la mer de *Baffin*, le *Bassin de Melville*, en Amérique.

L'OCÉAN GLACIAL ANTARCTIQUE n'a pas de subdivisions.

La mer *Caspienne*, sur les limites de l'Europe et de l'Asie, est une mer isolée, ou un grand lac.

ISTHMES ET DÉTROITS PRINCIPAUX

Les deux isthmes les plus importants du globe sont l'*isthme de Suez*, qui, unissant l'Afrique à l'Asie, est resserré entre la Méditerranée et la mer Rouge; ensuite l'*isthme de Panama*, qui unit l'Amérique septentrionale à l'Amérique méridionale, et se trouve resserré entre la mer des Antilles et le golfe de Panama.

Les détroits les plus remarquables du monde sont le détroit de *Beering*, qui sépare l'Ancien continent du Nouveau, et qui unit le Grand Océan à l'océan Glacial arctique: le détroit de *Gibraltar*, qui sépare l'Europe de l'Afrique et unit la mer Méditerranée à l'océan Atlantique, le détroit de *Bab-el-Mandeb*, entre l'Asie et l'Afrique, faisant communiquer la mer Rouge à l'océan Indien; le détroit de *Malaka*, entre l'Asie et l'Océanie, conduisant du golfe du Bengale à la mer de Chine.

GRANDES ÎLES DU GLOBE

Les plus grandes îles qui se rattachent à l'Europe sont: au N. O., la *Grande-Bretagne* et l'*Irlande;* au N., l'archipel du *Spitzberg;* au N. E., la *Nouvelle-Zemble* et la *Terre François-Joseph*; au S., la *Corse*, la *Sardaigne*, la *Sicile* et *Candie*.

On remarque sur la côte orientale de l'Asie les grandes îles du *Japon;* au S., celle de *Ceylan* et les *Maldives*.

Madagascar, au S. E. de l'Afrique, est la seule grande île de cette partie du monde. Le principal archipel africain est celui des *Canaries*, au N. O.

Entre les deux Amériques, est l'archipel des *Antilles*, dont les principales îles sont *Cuba* et *Haïti*.

Dans le N. E. de l'Amérique septentrionale, se trouvent beaucoup d'îles, dont les plus considérables sont les terres du *Groenland*, l'*Islande* et *Terre-Neuve;* le *Spitzberg*, qu'on rattache quelquefois à l'Amérique, paraît plutôt appartenir à l'Europe. — Au N., on remarque aussi un grand nombre d'îles, enveloppées de glaces, et dont plusieurs des plus importantes composent l'archipel *Parry*. — Dans le N.O., on distingue particulièrement l'île de *Vancouver* et la longue chaîne des îles *Aléoutiennes*.

A l'extrémité de l'Amérique méridionale, se trouve l'archipel de la *Terre de Feu*, terminé par le cap *Horn*.

Parmi les îles innombrables qui, avec le continent de l'Australie, composent l'Océanie, les plus considérables sont à l'O. et au S.; on remarque, entre autres, *Sumatra*, *Java*, *Bornéo*, *Célèbes*, la *Nouvelle-Guinée*, la *Tasmanie* et la *Nouvelle-Zélande*.

Les terres polaires australes nommées *Clarie*, *Adélie*, *Victoria*, *Graham*, *Enderby*, etc., forment peut-être un *continent antarctique* autour du pôle S.

PRINCIPALES MONTAGNES DU GLOBE

Chacun des deux grands continents est partagé en deux pentes principales ou deux *versants*.

L'Ancien continent verse ses eaux, d'un côté, dans l'océan Glacial arctique et l'océan Atlantique, ou dans les mers qu'ils forment; de l'autre, dans le Grand Océan et l'océan Indien, ou dans leurs enfoncements.

Ces deux versants sont séparés l'un de l'autre par une longue suite de hauteurs, ou ligne de partage des eaux, qui commence au cap *Oriental*, à l'extrémité N. E. de l'Asie, et finit au cap de *Bonne-Espérance*, à l'extrémité méridionale de l'Afrique.

Cette suite de hauteurs, qui forme l'*arête principale* de l'Ancien continent, porte beaucoup de noms particuliers. — Au centre de l'Asie, elle se divise en deux branches, qui entourent le grand *plateau Central*, et qui s'appellent monts *Altaï*, monts *Célestes*, etc. — Plus loin, elle reçoit quelque temps la dénomination de *Caucase indien*. Elle rencontre ensuite une partie du *Taurus*.—Après un grand circuit, elle arrive à l'isthme de Suez, et parcourt toute l'Afrique.

Le Nouveau continent verse ses eaux, d'un côté, dans le Grand Océan, et, de l'autre, dans l'océan Atlantique et l'océan Glacial arctique. Il est donc aussi partagé en deux *versants;* et ces versants sont séparés l'un de l'autre par une longue chaîne de hauteurs, qui commence au cap *Occiden-*

tal, en face du cap Oriental d'Asie, et qui se termine au cap *Froward*, à l'extrémité méridionale du continent Américain. Cette chaîne porte, dans une grande partie de l'Amérique du Nord, le nom de monts *Rocheux*; — dans l'Amérique du Sud, c'est la *Cordillère des Andes*.

Ces deux grandes arêtes de l'Ancien et du Nouveau continent sont presque la continuation l'une de l'autre : car elles ne sont séparées que par le détroit de Beering, entre les caps Oriental et Occidental; il y a donc, pour ainsi dire, sur la Terre une longue épine dorsale qui s'étend depuis le cap de Bonne-Espérance jusqu'au cap Froward.

Outre cette grande arête principale de la Terre, il faut encore remarquer, en Asie, les monts *Himalaya*, qui sont les plus hautes montagnes du globe; — sur la frontière de l'Europe et de l'Asie, le mont *Caucase* et les monts *Ourals*; — en Europe, les *Alpes* et les *Pyrénées*; — en Afrique, le mont *Atlas*.

PRINCIPAUX FLEUVES ET PRINCIPAUX LACS DU GLOBE

Fleuves de l'Ancien continent. — Les principaux fleuves qui coulent sur le versant de l'océan Glacial arctique, de l'océan Atlantique et des mers qu'ils forment, sont : la *Léna*, l'*Iéniseï* et l'*Obi*, en Asie; — le *Rhin*, la *Seine*, la *Loire*, le *Tage*, le *Rhône*, le *Danube*, le *Dniepr*, le *Don*, en Europe; — le *Nil*, le *Sénégal*, le *Niger*, le *Zaïre*, en Afrique. Le *Nil* et le *Zaïre*, ou *Congo*, d'un cours de plus de 5000 kilomètres, sont les plus longs fleuves de l'Ancien continent.

On peut encore placer sur le même versant le *Volga*, qui se jette dans la mer Caspienne.

Sur le versant du Grand Océan et de l'océan Indien, on remarque surtout les fleuves suivants : en Asie, l'*Amour*, le fleuve *Jaune*, le fleuve *Bleu*, le *Gange*, l'*Indus*, le *Tigre* et l'*Euphrate*; — en Afrique, le *Zambèze*.

Fleuves du Nouveau continent. — Sur le versant

de l'océan Atlantique, on remarque : dans l'Amérique du Nord, le *Saint-Laurent*, le *Mississipi*, qui se grossit du *Missouri;* — dans l'Amérique du Sud, l'*Orénoque*, l'*Amazone*, le *San-Francisco*, le *Rio de la Plata.*

Sur le versant du Grand Océan, le *Columbia* ou *Orégon*, dans l'Amérique du Nord.

Le plus long cours d'eau d'Amérique et du globe entier est celui qui comprend le *Missouri* et la partie inférieure du *Mississipi :* il a 7000 kilomètres (1600 lieues) de longueur, l'*Amazone* a plus de largeur, et c'est le plus large de tous les fleuves, mais son cours n'est que de 5000 kilomètres.

Le principal fleuve de l'Océanie est le *Murray*, dans le S. de l'Australie.

Principaux lacs. — Dans l'Ancien continent, on remarque d'abord la mer *Caspienne* et la mer d'*Aral*, qui sont de véritables lacs, et qui se trouvent, la première, entre l'Asie et l'Europe, la seconde, dans l'O. de l'Asie ; elles n'ont de communication avec aucune autre mer.

Vers le centre de l'Asie, on remarque le lac *Balkhach*, qui est sans écoulement.

Le lac *Baïkal*, dans le N. de l'Asie, s'écoule dans le fleuve Iéniseï.

Les lacs *Ladoga* et *Onéga*, dans le N. de l'Europe, s'écoulent dans la mer Baltique.

Vers le centre de l'Afrique, on voit le lac *Tchad*, qui est sans écoulement; le lac *Victoria* et le lac *Albert*, qui s'écoulent par le Nil dans la Méditerranée; le lac *Tanganyika*, et le lac *Nyassa*, qui s'écoule dans le Zambèze.

Dans le N. de l'Amérique septentrionale, on remarque le lac de l'*Esclave*, qui verse ses eaux dans la mer Polaire; — le lac *Ouinipeg*, qui verse les siennes dans la mer d'Hudson; les lacs *Supérieur*, *Huron*, *Michigan*, *Érié* et *Ontario*, qui se déchargent dans l'Atlantique par le Saint-Laurent.

Dans le N. de l'Amérique méridionale, est le lac de *Maracaybo*, qui communique avec la mer des Antilles; — dans l'O. de la même contrée, sur un plateau formé par les montagnes des Andes, on voit le lac *Titicaca*.

LES RACES HUMAINES

DIVERSES RACES D'HOMMES, DEGRÉS DE CIVILISATION RÉUNIONS D'HABITATIONS, GOUVERNEMENTS, RELIGIONS

La population de toutes les parties de la Terre s'élève à environ 1 milliard 500 millions d'hommes, dont 360 millions en Europe, environ 800 millions en Asie, 170 millions en Afrique, 125 millions en Amérique, environ 35 millions en Océanie.

Il y a, dans l'espèce humaine, de grandes différences pour la couleur, les traits du visage, la forme de la tête, les cheveux, le langage et d'autres particularités.

Race blanche.

D'après les principales différences, on a distribué les hommes en six *races* ou *variétés*, dont trois surtout très importantes.

La race à laquelle nous appartenons en France est la race *blanche*, appelée aussi *caucasique*, parce que les types de cette race se trouvent au mont Caucase, entre la mer Caspienne et la mer Noire. Elle occupe l'O. de l'Ancien continent, c'est-à-dire l'Europe, la moitié occidentale de l'Asie et le N. de l'Afrique. A mesure qu'on avance dans des contrées plus chaudes, on observe que le teint de cette race devient plus brun, sans doute à cause de l'ardeur du soleil; mais elle se reconnaît toujours à sa tête ovale, à sa bouche peu fendue, à ses cheveux fins et soyeux.

Race jaune.

Les hommes de la race jaune habitent surtout l'est et le nord de l'Asie. Ils se font remarquer par leur visage large, leur tête à peu près ronde, leur couleur jaunâtre, leur bouche très fendue, leur nez écrasé, leurs yeux très longs, mais fort étroits et relevés du côté des tempes. Les cheveux sont noirs et raides.

Race nègre.

Les nègres peuplent une grande partie de l'Afrique et le sud de l'Océanie. Ils ont la peau noire, le front aplati, les mâchoires très avancées, les lèvres grosses, les dents fort longues, la bouche grande, le nez large et épaté, les cheveux laineux et crépus. La plupart sont encore sauvages ou très peu civilisés.

Il y a, en outre, un assez grand nombre de populations noires (sans être de la race nègre), basanées, olivâtres et rougeâtres, qui se rapprochent plus ou moins des trois races précédentes.

Les hommes basanés qu'on nomme *Malais* habitent une grande partie de l'Océanie, surtout au nord-ouest.

Les indigènes de l'Amérique ont le teint rougeâtre.

Race rouge ou américaine.

Les hommes les plus civilisés forment les grandes associations qu'on nomme *peuples* ou *nations*.

Les hommes à demi civilisés ou tout à fait sauvages forment les *peuplades*, les *tribus*, les *hordes* et les *familles isolées*.

Les peuples et les nations ont des demeures fixes, c'est-à-dire des *maisons* solides, de pierres, de briques et de bois.

Les maisons sont ordinairement réunies en groupes : les plus petits groupes sont des *hameaux;* on appelle *villages* les groupes un peu plus importants; un *bourg* est plus considérable qu'un village; enfin les plus grandes réunions de maisons s'appellent *villes* ou *cités.*

Les hommes à demi civilisés ou sauvages ont pour habitations des *tentes*, faites ordinairement de peaux d'animaux; ils ont aussi des *huttes*, formées de branchages et de feuillages, ou de terre grossièrement disposée : ils habitent quelquefois des *cavernes*.

Une grande étendue de terrain forme un *pays*, une *contrée* ou une *région*.

Un *État* est un pays soumis à un même gouvernement, et où règnent généralement les mêmes mœurs, le même langage.

Quand l'État est gouverné par un roi, c'est un *royaume*; quand il l'est par un empereur, c'est un *empire* : lorsqu'il est gouverné par la nation elle-même ou par des chefs qu'elle nomme, ou par une classe de personnes qui se met à la tête du pouvoir, c'est une *république*.

Les hommes civilisés ont des travaux très variés, qui se partagent en trois grandes divisions : les *arts*, les *sciences* et le *commerce*.

Les hommes à demi civilisés ont pour occupation, en général, le soin des troupeaux qu'ils conduisent de pâturage en pâturage; ces pasteurs errants portent le nom de *nomades*.

Les hommes tout à fait sauvages ne connaissent guère que deux sortes de travaux : la *chasse* et la *pêche*.

Tous les hommes croient à l'existence d'une puissance supérieure qui gouverne le monde; mais tous n'ont pas les mêmes idées sur cette puissance et ne lui témoignent pas leur vénération de la même manière. Il y a cinq religions principales : le *christianisme*, qui règne chez les peuples les plus civilisés; le *judaïsme* ou *mosaïsme*, ou la religion des juifs; le *mahométisme*, ou la religion de Mahomet, appelée aussi *religion musulmane* ou *islamisme*; le *bouddhisme*, qui est la religion de la Chine et du Japon; le *brahmanisme*, qui domine dans l'Inde.

De plus, il y a des païens au centre de l'Afrique, de l'Australie, et au nord-est de l'Asie.

EUROPE

CONFIGURATION, LIMITES, MERS, GOLFES ET DÉTROITS DE L'EUROPE

L'EUROPE est la plus petite partie du monde, mais c'est la plus civilisée.

Elle se trouve à peu près vers le milieu de l'espace renfermé entre l'équateur et le pôle. Le climat y est généralement tempéré. Le nord est froid cependant, et le sud assez chaud.

Cette partie du monde forme une grande presqu'île très irrégulière, allongée du N. E. au S. O., large au N. E., mince au S. O., tenant au reste du continent par deux côtés, qui la rattachent à l'Asie : 1° à l'est par le territoire sur lequel se trouvent les monts *Ourals* et le fleuve *Oural*, et qui s'étend entre l'océan Glacial arctique et le grand lac appelé mer Caspienne; 2° au sud-est, par l'isthme du mont *Caucase*, entre la mer Caspienne et la partie de la Méditerranée qui se nomme mer Noire.

Dans toutes les autres directions, l'Europe est entourée par la mer.

Au nord, elle est bornée par l'océan Glacial; à l'ouest, par l'océan Atlantique; au sud, elle est séparée de l'Afrique par la mer Méditerranée et le détroit de Gibraltar.

Les côtes de l'Europe sont très découpées; beaucoup de mers s'y avancent profondément, et il y a un grand nombre de golfes, de baies et de presqu'iles.

L'*océan Glacial arctique* forme la mer *Blanche*.

L'*océan Atlantique* forme la mer *Baltique*, qui comprend elle-même les golfes de *Botnie*, de *Finlande* et de *Livonie*; —la mer du *Nord*, qui comprend le golfe du *Zuider-zee*; —la *Manche*;—la mer d'*Irlande*;—le *canal de Bristol* (qui est en réalité un golfe); — la mer de *France*, appelée aussi golfe de *Gascogne* ou mer de *Biscaye*.

La mer *Méditerranée* renferme la mer *Tyrrhénienne*;

— la mer *Adriatique*: — la mer *Ionienne*; — l'*Archipel* (anciennement mer *Égée*); — la mer de *Marmara*; — la mer *Noire* (anciennement *Pont Euxin*), — et la mer d'*Azov*.

On distingue dans la Méditerranée, les golfes du *Lion* et de *Gênes*; — dans la mer Ionienne, les golfes de *Tarente* et de *Lépante*.

On passe de la mer Baltique dans la mer du Nord par les *détroits du Sund*, du *Grand Belt* et du *Petit Belt*, et par le *Cattégat*.

On passe de la mer du Nord dans la Manche par le *Pas de Calais*;

De l'océan Atlantique dans la Méditerranée, par le détroit de *Gibraltar*;

De la mer Tyrrhénienne dans la mer Ionienne, par le détroit appelé *Phare de Messine*;

De la mer Adriatique dans la mer Ionienne, par le canal d'*Otrante*;

De l'Archipel dans la mer de Marmara, par le détroit des *Dardanelles* (anciennement *Hellespont*);

De la mer de Marmara dans la mer Noire, par le canal de *Constantinople* (anciennement *Bosphore de Thrace*);

De la mer Noire dans la mer d'Azov, par le détroit d'*Iénikalé* ou de *Kertch* (anciennement *Bosphore Cimmérien*).

PRESQU'ÎLES ET ISTHMES DE L'EUROPE

Les côtes de l'Europe forment beaucoup de presqu'îles.

Au N., on remarque la péninsule *Scandinave*, et la péninsule *Cimbrique*, qui s'avancent l'une en face de l'autre, à l'O. de la mer Baltique. La première est jointe au continent, vers le N. E., par l'isthme de *Laponie*.

A l'extrémité S. O. de l'Europe, est la péninsule *Hispanique*, qui tient à la France par l'isthme des *Pyrénées*.

Au S., on voit la péninsule d'*Italie*, qui a grossièrement la forme d'une botte.

On trouve encore au S. la péninsule *Balkano-Hellénique*, qui s'avance entre la mer Noire, l'Archipel et l'Adriatique, et qui se termine au S. par la presqu'île de *Morée* (anciennement *Péloponnèse*), jointe au continent par l'isthme de *Corinthe*.

Au S. E., entre la mer d'Azov et la mer Noire, est renfermée la presqu'île de *Crimée*, jointe au continent par l'isthme de *Pérékop*.

ÎLES DE L'EUROPE

Il y a en Europe un grand nombre d'îles. — Dans l'océan Glacial on voit la *Nouvelle-Zemble*, composée de deux grandes îles, très froides et inhabitées. — Loin au N. de ce pays, est la *Terre de François-Joseph*, formée de plusieurs îles.

Au N. O. de la péninsule Scandinave, sont les îles *Lofoden*.

En s'avançant à l'O. on trouve les îles *Britanniques*, dont la principale est la *Grande-Bretagne*, l'île la plus considérable de l'Europe; les autres sont l'*Irlande*, les *Hébrides*, les *Orcades* et les îles *Shetland*.

Les îles *Anglo-Normandes*, dans la Manche, appartiennent aux îles Britanniques, quoiqu'elles soient plus voisines de la France.

Plus loin, vers le N. O., on voit les îles *Fœrœer*, et enfin l'*Islande*, grande île très froide, plus voisine de l'Amérique que de l'Europe.

On rattache volontiers à l'Europe l'archipel glacial et inhabité du *Spitzberg*, situé à une assez grande distance au N. de la *Scandinavie;* mais on la place quelquefois parmi les terres américaines.

Entre le Cattégat et la mer Baltique, sont les îles *Danoises*, dont les principales sont *Seeland* et *Fionie*.

Dans la Méditerranée, on remarque, à l'E. de la péninsule Hispanique, les îles *Baléares*, dont les plus grandes sont *Majorque*, *Minorque* et *Ivice*.

Près de l'Italie, sont les grandes îles de *Sicile*, de *Sardaigne* et de *Corse*, les îles *Lipari*, l'île d'*Elbe* et celle de *Malte*

Dans la mer Ionienne, sont les îles *Ioniennes*, dont les principales sont *Corfou Céphalonie* et *Zante*.

Dans l'Archipel, on trouve un très grand nombre d'îles, dont les plus importantes sont *Négrepont* et les *Cyclades*.

Candie (anciennement *Crète*), au sud de l'Archipel, est la terre la plus méridionale de l'Europe.

CAPS ET ÉTENDUE DE L'EUROPE

Le cap *Nord*, dans une des îles Lofoden, est à l'extrémité nord de l'Europe (en faisant abstraction de la *Nouvelle-Zemble* et du *Spitzberg*); — les trois caps *Finisterre* : l'un en Scandinavie; le second dans la Grande-Bretagne, le troisième dans la péninsule Hispanique, sont vers les extrémités occidentales de ces trois pays; — le cap Saint-Mathieu et la pointe de Corsen sont à l'extrémité ouest de la France; — le cap *Saint-Vincent* et la pointe de *Tarifa* sont aux extrémités sud-ouest; — le cap *Matapan* forme l'extrémité sud de l'Europe continentale (en Grèce).

L'Europe a 5400 kilomètres de longueur, du N. E. au S. O., depuis l'embouchure de la rivière Kara dans la mer de même nom jusqu'au cap Saint-Vincent; elle a 4000 kilom. de largeur, du cap Nord au cap Matapan. Sa superficie est de 10180000 kilomètres carrés.

RELIEF DU SOL

GRANDES CHAINES DE MONTAGNES, PLATEAUX ET PLAINES DE L'EUROPE

La seule grande chaîne de montagnes du N. de l'Europe est celle des monts *Dofrines* ou *Alpes Scandinaves*, dans la péninsule Scandinave.

La partie du milieu qui avoisine la mer du Nord et la mer Baltique comprend de grandes plaines. L'E. est aussi généralement plat. A mesure qu'on s'avance vers le milieu, le pays s'élève et forme de grandes chaînes de montagnes et des plateaux considérables. On rencontre les chaînes des *Carpathes*, des *Alpes*, du *Jura*, des *Vosges* et des *Cévennes*;

les monts d'*Auvergne*, le plateau de la *Bohême*, le plateau *Central de la France*.

Dans le S., il y a d'autres grandes chaînes de montagnes: telles que les *Apennins*, en Italie; les *Pyrénées*, entre la France et l'Espagne, les monts *Ibériques* et la *Sierra Nevada*, dans l'intérieur de l'Espagne; le *Balkan* et les *Alpes Helléniques*, dans la péninsule Balkano-Hellénique.

Des plateaux assez élevés occupent l'intérieur des grandes presqu'îles du sud. Le plus remarquable est celui de la *Castille*, en Espagne.

Sur les frontières de l'Europe, sont les monts *Ourals* et le *Caucase*.

La plus haute des chaînes de montagnes qu'on vient de citer est le *Caucase*, dont le point culminant est l'*Elbrouz* (d'une altitude de 5600 m.).

Les *Alpes* viennent ensuite . leur sommet le plus élevé est le mont *Blanc* (4810 m.).

Ces magnifiques montagnes forment un arc immense au nord de l'Italie; on les divise en *Alpes orientales, Alpes centrales, Alpes orientales*.

Le massif du mont *Saint-Gothard* est, au point de vue du partage des eaux, d'une très grande importance. C'est sur les rampes de ce massif, au centre même des Alpes, que prennent naissance plusieurs grandes artères qui vont se déverser dans les directions les plus opposées : le Rhin, le Rhône, le Tessin, la Reuss, et non loin, à l'Est, l'Inn, grand affluent du Danube.

La *Sierra Nevada* est la troisième chaîne pour l'altitude; le pic de *Mulahacen* y atteint environ 3600 mètres.

Les *Pyrénées* ont pour plus haut sommet le mont *Maladetta*, qui s'élève à environ 3500 mètres.

L'île de *Corse* est traversée du N. au S. par une haute chaîne de montagnes, qui atteint 2700 m.

Les principaux volcans de l'Europe sont l'*Etna*, en Sicile, et le *Vésuve*, dans la péninsule Italique. La première éruption de ce volcan eut lieu en l'an 79 après J.-C., sous le règne de l'empereur Titus.

Toute la région de la Méditerranée est le centre d'une action puissante de la chaleur intérieure du sol ; des mouve-

Vue prise dans les Carpathes.

ments volcaniques y ont souvent lieu, et les tremblements de terre y sont fréquents. Plusieurs îlots volcaniques se sont récemment soulevés dans l'Archipel.

L'Islande, pleine de volcans, dont le plus célèbre est le mont *Hekla*, appartient plutôt à l'Amérique qu'à l'Europe.

LIGNE DE PARTAGE DES EAUX ; VERSANTS ET GRANDS BASSINS MARITIMES

L'Europe est divisée en deux versants : celui du N. et du N. O., incliné vers l'océan Glacial et l'océan Atlantique ; et celui du S. et du S. E., incliné vers la Méditerranée et la mer Caspienne. L'arête ou ligne de partage des eaux qui sépare ces deux versants, s'étend du N. E. au S. O., des frontières de l'Asie au détroit de Gibraltar. Elle s'élève souvent à peine au-dessus des plaines voisines, mais souvent aussi elle rencontre des montagnes importantes : elle passe par les monts *Ourals*, les monts *Valdaï*, les *Carpathes*, les *Sudètes*, les monts *Moraves*, les monts de la *Forêt de Bohême*, les montagnes des *Pins*, les *Alpes de Souabe* ou *Jura de Souabe*, la *Forêt-Noire*, les *Alpes*, le *Jura*, les *Vosges*, la *Côte d'Or*, les *Cévennes*, les *Pyrénées*, les monts *Cantabres*, les monts *Ibériques* et la *Sierra Nevada*.

Chacun des deux versants généraux se partage en plusieurs bassins de mer.

Le versant du N. et du N. O. comprend les principaux bassins suivants : 1° bassin de l'*océan Glacial* proprement dit ; 2° bassin de la *mer Blanche ;* 3° bassin de la *mer Baltique ;* 4° bassin du *Cattégat ;* 5° bassin de la *mer du Nord ;* 6° bassin de la *Manche ;* 7° bassin de la *mer d'Irlande ;* 8° bassin de la *mer de France* ou du *golfe de Gascogne ;* 9° bassin de l'*Atlantique* proprement dit.

Le versant du S. et du S. E. comprend à son tour les principaux bassins suivants : 1° bassin de la *Méditerranée* proprement dite ; 2° bassin de la *mer Tyrrhénienne ;* 3° bassin de la *mer Ionienne ;* 4° bassin de l'*Adriatique ;* 5° bassin de l'*Archipel :* 6° bassin de la *mer Noire* et de la *mer d'Azov* réunies ; 7° bassin de la *mer Caspienne.*

FLEUVES PRINCIPAUX DE L'EUROPE

Fleuves du versant du N. et du N. O. — La *Petchora* est le seul fleuve important qui se jette immédiatement dans l'océan Glacial. — La *Dwina septentrionale* et l'*Onéga* tombent dans la mer Blanche.

La mer Baltique reçoit au N. et au N. O., par le golfe de Botnie, le *Tornéä* et le *Dal-elf ;* — à l'E., dans le golfe de Finlande, vient se jeter la *Néva*, fleuve court, mais large, qui sert d'écoulement au lac Ladoga et qui passe à Saint-Pétersbourg ; — dans le golfe de Riga ou de Livonie, tombe la *Dwina méridionale.* — Au S., trois fleuves, le *Niémen*, la *Vistule*, l'*Oder*, coulant du S. au N., se rendent dans cette mer par des amas d'eau qui sont moitié lacs, moitié golfes, et qu'on appelle *haffs.*

Les principaux tributaires de la mer du Nord sont : l'*Elbe*, le *Weser*, le *Rhin*, grand fleuve, qui descend des Alpes, reçoit le *Main* et la *Moselle* et se jette par plusieurs branches dans le Zuider-zee et dans la mer du Nord ; — la *Meuse*, qui reçoit quelques branches du Rhin ; — l'*Escaut*, peu long, mais qui a deux larges embouchures. — Tous ces fleuves coulent sur le continent, et généralement du S. au N. — La *Tamise* (qui passe à Londres), l'*Humber* et le *Forth*, dans la Grande-Bretagne, coulent de l'O. à l'E., et se jettent aussi dans la mer du Nord.

La *Seine*, qui passe à Paris, se dirige du S. E. au N. O. ; c'est le seul fleuve considérable qui se jette dans la Manche.

Dans la mer de France, se rendent, en coulant du S. E. au N. O., la *Loire*, qui prend sa source dans les Cévennes, et la *Garonne*, qui vient des Pyrénées et qui prend le nom de *Gironde* après avoir reçu son principal affluent, la *Dordogne.*

La *Clyde* et la *Mersey*, qui sont peu longues, mais fort larges, se jettent dans la mer d'Irlande, en coulant de l'E. à l'O.

La *Saverne* ou *Severn* coule du N. au S. et débouche dans le canal de Bristol.

L'Atlantique reçoit immédiatement le *Shannon*, fleuve d'Irlande, dirigé du N. au S., et le *Minho*, le *Douro*, le *Tage*, la *Guadiana*, le *Guadalquivir*, qui coule de l'E. à l'O., dans la péninsule Hispanique.

Fleuves du versant S. et S. E. — Un seul fleuve remarquable de la péninsule Hispanique se rend immédiatement dans la Méditerranée : c'est l'*Èbre*, qui coule de l'O. à l'E.

Dans le golfe du Lion se jette le *Rhône*, fleuve très rapide, qui descend des Alpes et coule d'abord à l'O., puis au S. Il a pour affluent la *Saône*.

Sur la côte occidentale de l'Italie, débouchent l'*Arno* et le *Tibre*, peu considérables, mais qui arrosent des lieux célèbres dans l'histoire. L'Arno passe à Florence, le Tibre à Rome. Ils viennent des monts Apennins, coulent généralement vers l'O., et se jettent tous les deux dans la Méditerranée.

Les principaux tributaires de l'Adriatique sont le *Pô* et l'*Adige*, qui ont leurs sources dans les Alpes et coulent de l'O. à l'E.

La *Maritza* (anciennement *Hèbre*) va du N. au S. et s'écoule dans l'Archipel.

La mer Noire reçoit le *Danube*, qui sort de la Forêt-Noire, et qui a 2800 kilomètres de cours, de l'O. à l'E. Il a pour affluents principaux la *Theiss* et la *Save*. — La mer Noire reçoit encore le *Dniestr* ou *Dniester*, et le *Dniepr* ou *Dnieper*, qui vont du N. au S.

Le *Don*, dirigé aussi du N. au S., se jette dans la mer d'Azov.

La mer Caspienne reçoit le *Volga*, le plus grand fleuve d'Europe (3500 kilomètres), qui vient des monts Valdaï et se dirige du N. O. au S. E. — Cette mer reçoit aussi l'*Oural* (2800 kilomètres), qui descend des monts Ourals et coule du N. au S.

LACS

C'est autour de la mer Baltique que l'Europe a le plus de lacs. Les plus grands versent leurs eaux dans le golfe de Finlande : le lac *Ladoga* s'y écoule par la Néva ; les lacs *Onéga*, *Saïma* et *Ilmen* sont tributaires du Ladoga ; le lac *Peïpous* envoie ses eaux à la côte S. de ce golfe.

Le lac *Mælar* et le lac *Vetter*, dans la péninsule Scandinave, communiquent avec la mer Baltique.

Le lac *Vener*, dans la même péninsule, s'écoule dans le Cattégat.

Le lac de *Constance* est formé par le Rhin, et dans ce fleuve se rendent les eaux des lacs de *Zürich*, de *Lucerne* et de *Neuchâtel*, situés au pied des Alpes et du Jura.

Le lac de *Genève* ou lac *Léman*, un des plus beaux de l'Europe, est produit par le Rhône, au pied des Alpes.

Le Pô reçoit les eaux des lacs *Majeur*, de *Côme* et de *Garde*, qui sont aussi près des Alpes.

Le lac *Balaton*, au centre de l'Europe, au milieu de vastes plaines, s'écoule dans le Danube.

CLIMAT ET PRODUCTIONS VÉGÉTALES DE L'EUROPE

L'Europe est froide vers ses extrémités boréales, quoiqu'elle le soit moins que l'Asie et l'Amérique à la même latitude; dans le midi, le climat est chaud, mais non brûlant, comme dans quelques parties de l'Asie ou de l'Afrique. En général, la température est douce et agréable, surtout dans les régions occidentales, qui reçoivent l'heureuse influence des vents de l'océan Atlantique et celle du courant du Golfe (*Gulf Stream*), venu du golfe du Mexique. L'Europe, enfin, a l'avantage d'être limitée au S. par une vaste mer, qui adoucit beaucoup le climat.

Les principaux arbres fruitiers sont les pommiers, les poiriers, les pruniers, les abricotiers, les pêchers, qui peuplent presque partout les vergers, surtout dans les régions moyennes. Les châtaigniers et les noyers y sont également très répandus.

Le cerisier est aussi l'un des arbres européens les plus communs et les plus intéressants : il s'avance fort loin vers le nord.

Les orangers, les citronniers, les cédratiers, les limoniers, les oliviers, les grenadiers, les figuiers, les amandiers, enrichissent de leurs produits les régions méridionales.

Les bois de construction sont surtout des chênes, des ormes, des frênes, des hêtres, des peupliers, des mélèzes, des sapins, des pins. — Les pins, les bouleaux, les trembles, les sorbiers, les saules, les aulnes, sont les arbres qui s'avancent le plus au N. ; les sapins ensuite, puis les chênes, les frênes, les hêtres, les tilleuls, les peupliers, les noyers, les châtaigniers.

Les céréales (particulièrement le blé ou froment) et les pommes de terre sont la base principale de culture. Le seigle, l'orge et l'avoine s'avancent au N. plus loin que le froment. Le riz ne se trouve que vers le midi. Le maïs abonde aussi dans le midi, mais s'avance au nord bien plus loin que le riz, sans aller aussi loin que le blé.

La vigne abonde sur les coteaux des régions méridionales et centrales.

Le cotonnier et la canne à sucre se rencontrent au sud.

Le lin et le chanvre sont les principaux végétaux textiles européens.

Les plantes oléagineuses (à huile) sont, outre l'olivier, qui ne vient qu'au midi, le colza, la navette, l'œillette (pavot), qui abondent dans les régions moyennes.

Le safran et la garance sont les principales plantes à teinture. — Le tabac croît dans beaucoup de pays d'Europe.

PRODUCTIONS ANIMALES

Parmi les animaux domestiques, le cheval, le bœuf, l'âne, le mouton, le porc, la chèvre, le chien, le chat, sont à peu

Cours du Rhin.

près communs à toutes les contrées de l'Europe; le renne est particulier aux régions les plus septentrionales; le chameau ne se rencontre qu'au S. E.

Les principaux quadrupèdes sauvages sont le sanglier, l'ours, le loup, le cerf, le chevreuil, le daim, le renard, le lièvre, le lapin, le blaireau, l'écureuil, qui se trouvent dans presque toute l'Europe; — le lynx, la loutre, le castor, le chat sauvage, les martres, qui habitent plus particulièrement les contrées du nord; — le buffle, le bouquetin, le porc-épic, qui se rencontrent plutôt vers le sud; — le chacal, qu'on ne voit qu'au S. E.; — la marmotte et le chamois, qui se trouvent surtout dans les hautes parties des Alpes.

Les oiseaux de basse-cour, dans toute l'Europe à peu près, sont le coq et la poule, l'oie, le canard et le dindon.

Parmi les plus gros oiseaux sauvages que possède l'Europe, on peut nommer l'aigle, le faucon, le vautour, le cygne, la grue, la cigogne, le héron, le pélican.

Les plus jolis sont le martin-pêcheur, le pivert, le guêpier, le chardonneret. Parmi ceux qui chantent le plus agréablement, il faut citer le rossignol, le pinson, le serin, qui ne se trouve sauvage que dans le sud.

Parmi les reptiles, on n'a guère à redouter que la vipère. La couleuvre est fort commune.

Les poissons d'eau douce sont principalement les brochets, les carpes, les tanches, les perches, les truites. Les esturgeons remontent les grands fleuves de l'est. Dans la mer, on pêche surtout des maquereaux, des sardines, des anchois, des merlans, des soles, des turbots, des limandes, des raies, des thons, des harengs; ces derniers sortent de l'océan Glacial au printemps et se répandent par légions innombrables sur les côtes occidentales.

Parmi les mollusques, il faut citer les huîtres, abondantes partout, et, dans la Méditerranée seulement, les jolis argonautes papyracés, les sépias, si utiles par leur couleur, et les pinnes, qui donnent une très belle soie.

Les principaux crustacés sont les écrevisses, dans les eaux douces, et les homards, dans les eaux marines.

Le scorpion est un petit animal redoutable par son venin et assez commun dans le sud. On distingue la sangsue, utile en médecine; le ver à soie, particulier aux régions méridionales; l'abeille, répandue presque partout. L'éponge et le corail se pêchent dans la Méditerranée.

PRODUCTIONS MINÉRALES

Il y a, dans un grand nombre de pays d'Europe, de riches mines de fer, particulièrement en Scandinavie, en Angleterre, en Allemagne, en France; le cuivre se trouve surtout dans la péninsule Scandinave, en Angleterre, en Espagne, et aux monts Ourals; l'étain, dans la Grande-Bretagne; l'or, aux monts Ourals et aux monts Carpathes; le platine dans les monts Ourals; l'argent, le plomb, en Allemagne, en France, en Angleterre, en Espagne; le mercure, en Espagne, en Autriche; le zinc, en Belgique, en Allemagne.

Le soufre est fourni principalement par la Sicile.

L'ambre jaune se recueille aux bords méridionaux de la Baltique.

Le charbon de terre abonde dans la Grande-Bretagne et vers les bords de l'Escaut, de la Meuse, du Rhin, de la Loire, etc. La tourbe est commune dans toutes les parties basses des régions moyennes de l'Europe.

ÉTATS PRINCIPAUX DE L'EUROPE

Il y a en Europe vingt et un États principaux, dont *huit* sont dans l'*intérieur du continent* et *treize* sont formés d'*îles* et de *presqu'îles*.

Les États de l'intérieur du continent sont, en allant de l'O. à l'E.: la *France*; — la *Suisse*; — la *Belgique*; — les *Pays-Bas*; — le *Luxembourg*; — l'*Allemagne*; — l'empire *Austro-Hongrois*; — la *Russie*.

ÉTATS DE L'INTÉRIEUR DU CONTINENT, PARTIE OCCIDENTALE

La **France** (38 millions d'habitants) s'étend dans l'ouest de l'Europe, sous le climat le plus tempéré de cette partie du monde, entre l'océan Atlantique, la Méditerranée, les Vosges, les Alpes et les Pyrénées. Ses principales montagnes sont : les *Alpes*, dont le plus haut sommet, le mont *Blanc* (4810 mètres), est entre la France et l'Italie ; — les *Pyrénées*, également grande et belle chaîne de montagnes dont le plus haut pic, la *Maladetta* (le pic Maudit), est en Espagne ; — les montagnes d'*Auvergne*, qui forment le *plateau Central*, et qui furent autrefois des volcans ; — les *Cévennes ;* — le *Jura ;* — les *Vosges*, etc.

Les plus importants cours d'eau sont, dans le versant de la mer du Nord : la *Moselle*, tributaire du Rhin ; — la *Meuse* et l'*Escaut*, qui tombent hors de France dans la mer ;

Dans le versant de la Manche : la *Somme*, — la *Seine*, ayant pour affluents, entre autres, l'Aube, la Marne, l'Oise, l'Yonne ;

Dans le versant de l'Atlantique proprement dit ou de la mer de France : la *Loire*, dont les plus grands affluents sont : l'Allier, le Cher, l'Indre, la Vienne, grossie de la Creuse, le Maine, etc.; — la *Charente;* — la *Gironde*, formée en grande partie par la *Garonne*, grossie de l'Ariège, du Tarn, du Lot, etc., — et la *Dordogne*, l'*Adour*, etc. ;

Dans le versant de la Méditerranée : le *Rhône*, qui a pour principal affluent la *Saône*, grossie du Doubs, et qui reçoit également l'Ain, l'Ardèche, le Gard, l'Isère, la Drôme, la Durance, et se rend dans le golfe de Lion ; — l'*Aude*, l'*Hérault*, le *Var*, etc., se rendent également dans la Méditerranée.

La France forme une république, qui renferme 86 départements et dont la capitale est PARIS, sur la Seine, la seconde ville d'Europe par sa population (2 millions et demi d'habitants), mais la première par la culture des lettres, des sciences et des arts.

Les autres grandes villes sont : *Lyon* (420 000 hab.),

Marseille (400 000 hab.), *Bordeaux* (250 000 hab.), *Lille*, *Toulouse*, *Saint-Étienne*, *Nantes*, *Rouen*, *Le Havre*. *Versailles* a été le siège du gouvernement. La France possède l'*Algérie* en Afrique et d'importantes colonies dans cette partie du monde, ainsi qu'en Asie, en Amérique et dans l'Océanie. (Voy. l'*Étude générale de l'Europe*, 2e année, et la *Géographie de la France*, 3e année.)

La **Suisse**, située au centre de l'Europe, à l'E. de la France, se trouve entre les lacs de Constance et de Genève; les Alpes la couvrent au S., le Jura, à l'O.; le Rhin l'arrose à l'E. et au N.; le Rhône au S. O. C'est une république, composée de vingt-deux cantons confédérés, et qui possède près de 3 millions d'habitants. La capitale de cette confédération est BERNE (45 000 hab.). Les autres villes importantes sont : *Genève* (80 000 hab.), *Bâle*, *Zürich* (100 000 hab.), *Lucerne*, *Neuchatel*, *Lausanne*, etc.

La **Belgique** est un petit royaume, situé au N. E. de la France, sur les rives de l'Escaut et de la Meuse, et sur la côte méridionale de la mer du Nord. C'est en général un pays de plaines. Les mines de charbon de terre y sont abondantes. L'industrie y est avancée. On y parle le flamand, le wallon et le français. La population, presque entièrement catholique, est de plus de 5 millions d'âmes.

La capitale est BRUXELLES (480 000 habitants avec les faubourgs). Les autres villes principales sont : *Anvers* (230 000 habitants), grand port de mer sur l'Escaut; — *Gand* (150 000 habitants); — *Bruges*, *Liège*, avec de grandes usines; — *Namur*; *Mons*; *Ostende*, port de mer, etc.

Le royaume des **Pays-Bas**, qu'on appelle aussi **Néerlande**, **Nédériande** ou **Hollande**, est baigné par la mer du Nord; il entoure le golfe du Zuider-zee et les embouchures de l'Escaut, de la Meuse et du Rhin. Son sol est bas, humide, exposé aux inondations. Des digues nombreuses empêchent les eaux d'envahir le pays souvent au-dessous du niveau de la mer et des fleuves. Le terrain des Pays-Bas est généralement riche. Les Hollandais sont d'excellents marins, et se livrent surtout à la pêche. La population est de 4 millions d'habitants. Deux religions sont professées : la religion protestante (calvinisme), et la religion catholique.

La capitale est AMSTERDAM (430 000 hab.), une des villes les plus commerçantes du monde. — *La Haye*, résidence du roi ; autres grandes villes : *Rotterdam* (220 000 hab.); *Harlem*, *Leyde*, etc.

Les Pays-Bas ont d'importantes colonies hors de l'Europe : d'abord en Océanie, l'archipel de la *Sonde* (*Java*, une partie de *Sumatra*, etc.) ; *Bornéo*, plusieurs des îles *Moluques* ou îles aux Épices ; — en Amérique, la *Guyane hollandaise*, etc.

Le grand-duché de **Luxembourg** est un petit État situé entre la Belgique, la France et l'Allemagne, et qui a pour souverain le duc Adolphe de Nassau, de la maison d'Orange. Capitale, LUXEMBOURG.

ÉTATS DE L'INTÉRIEUR DU CONTINENT, PARTIE DU MILIEU

L'**Allemagne** est un empire qui possède 50 millions d'habitants et qui est situé au centre de l'Europe, entre la mer Baltique, la mer du Nord, les Vosges, le Rhin et les Alpes ; il et composé de plusieurs États, dont le principal est le **royaume de Prusse**. Ce royaume, baigné par la Baltique et la mer du Nord, s'étend à l'E. jusqu'au delà du Niémen, et à l'O. il dépasse le Rhin. Ses principales divisions sont : le *Brandebourg*, la *Prusse propre*, la province de *Posen*, la *Silésie*, la province de *Saxe*, la *Poméranie*, le *Slesvig-Holstein*, la province de *Hanovre*, la province de *Hesse-Nassau*, la *Westphalie*, la province du *Rhin*. La capitale est BERLIN (1 700 000 habitants), capitale de tout l'empire d'Allemagne, sur la Sprée. Les villes principales ensuite sont : *Kœnigsberg*, *Dantzick*, *Stettin*, sur la mer Baltique; *Breslau*, *Magdebourg*, *Hanovre*, *Cassel*, *Cologne*, *Coblentz*, *Aix-la-Chapelle*, *Francfort-sur-le-Main*.

Les autres principaux États de l'Allemagne sont :

Le royaume de BAVIÈRE, capitale *Munich* (400 000 hab.); autres villes importantes *Nuremberg* : et *Augsbourg*.

Le royaume de SAXE, qui a pour capitale *Dresde* (300 000 habitants), et pour seconde ville *Leipzig* (380 000 hab.).

Le royaume de WURTEMBERG, capitale *Stuttgart*.

Le grand-duché de BADE, capitale *Carlsruhe*.

Le grand-duché de HESSE, capitale *Darmstadt*; autre grande ville : *Mayence*.

L'ALSACE-LORRAINE, enlevée à la France en 1871; capitale *Strasbourg*. Autres grandes villes : *Metz* et *Mulhouse*.

Les duchés de SAXE ; — les grands-duchés de MECKLENBOURG et d'OLDENBOURG ; — le duché de BRUNSWICK; — les villes libres de HAMBOURG, de BRÊME et de LUBECK.

L'Allemagne est riche en mines, que l'on exploite surtout dans les montagnes du Harz. — Le pays est généralement fertile et bien cultivé. — L'instruction est peu répandue. La plupart des habitants du nord professent la religion protestante ; ceux du sud sont généralement catholiques.— Les 26 États dont se compose aujourd'hui l'Allemagne reconnaissent l'autorité générale de l'empereur, qui est en même temps roi de Prusse.

PARTIE ORIENTALE DES ÉTATS DE L'INTÉRIEUR DU CONTINENT

L'empire d'**Autriche-Hongrie**, ou l'empire **Austro-Hongrois**, qui a 43 millions d'habitants, s'allonge de l'O. à l'E. au S. E. de l'Allemagne ; il est traversé par le Danube, magnifique voie de communication, qui facilite au plus haut point le commerce ; l'Autriche-Hongrie est baignée au S. par la mer Adriatique. Les Alpes le couvrent au S. O., et les monts Carpathes à l'E. et au N.

C'est un assemblage de pays très différents entre eux par le langage et les mœurs.

Les principaux pays sont : l'*archiduché d'Autriche*, le duché de *Salzbourg*, la *Bohême*, la *Moravie*, le duché de *Silésie*, le *Tyrol*, la *Styrie*, la *Carinthie*, la *Carniole*, le *Littoral Illyrien*, à l'O.; — la *Galicie*, au N.; — la *Hon-*

grie, la *Croatie*, l'*Esclavonie*, la *Transylvanie*, à l'E.; — la *Dalmatie*, au S.

La langue allemande est parlée dans la partie occidentale de l'empire. Le hongrois, les langues slaves, le roumain et l'italien sont répandus ailleurs.

La capitale est VIENNE (1 400 000 hab.), sur le Danube, dans l'archiduché d'Autriche, qui est un des pays allemands de cette monarchie. C'est une belle ville et le centre d'un immense commerce entre l'Europe centrale, la Turquie et la Russie.

Autres villes importantes : *Prague* (300 000 hab., avec les faubourgs), dans la Bohême; *Trieste* (145 000 hab.), port célèbre de l'Adriatique, dans le Littoral Illyrien; *Buda-Pest* (500 000 hab.), très importante ville, capitale de la Hongrie; *Lemberg* et *Cracovie*, dans la Galicie. Ces deux dernières villes, en Galicie, faisaient autrefois partie de la Pologne.

L'empire Austro-Hongrois est très riche en mines : or, argent, plomb, zinc, fer, antimoine, arsenic, etc.

Il y a de grandes mines de sel gemme en Galicie et dans le Salzbourg.

L'agriculture est assez bien comprise. On trouve en Hongrie de beaux troupeaux de bœufs et des chevaux estimés.

La verrerie est un des principaux produits.

La **Russie**, qui possède 97 millions d'habitants, occupe tout l'E. de l'Europe, depuis l'océan Glacial jusqu'à la mer Noire, et depuis la mer Baltique jusqu'à la mer Caspienne. Elle est plus grande que le reste de l'Europe. Ce n'est cependant qu'une partie du vaste empire russe, qui s'étend aussi en Asie. Cet immense empire a une population d'environ 100 millions d'habitants. Les plus hautes montagnes sont le *Caucase* et les monts *Ourals*, mais la Russie est généralement un pays plat. Elle est arrosée par de grands fleuves; les principaux sont : le *Volga*, qui tombe dans la mer Caspienne; — le *Don*, qui verse ses eaux dans la mer d'Azov; — le *Dniepr* et le *Dniestr*, tributaires de la mer Noire. — C'est dans la Russie que se trouvent les plus grands lacs de l'Europe: le plus vaste est le lac *Ladoga*, d'où sort la Néva, qui passe à Saint-Pétersbourg. — La capitale est SAINT-PÉTERSBOURG (950 000 hab.), à l'embouchure de la Néva dans le golfe de Finlande. Les autres villes importantes sont : *Moscou* (750 000 hab.), ancienne capitale, au centre du pays ; — *Riga*, vers l'embouchure de la Dvina méridionale dans la mer Baltique ; — *Odessa*, sur la mer Noire ; — *Astrakhan*, vers l'embouchure du Volga dans la mer Caspienne ; — *Arkhangel*, vers l'embouchure de la Dvina du Nord dans la mer Blanche.

La Russie possède, au N. O., le grand-duché de *Finlande*, dont la capitale est *Helsingfors*, et, à l'O., l'ancien royaume de *Pologne*, ayant pour capitale *Varsovie*, grande cité (500 000 hab.) sur la Vistule.

ÉTATS DU NORD FORMÉS D'ILES ET DE PRESQU'ILES

Des huit pays formés d'îles et de presqu'îles, il y en a trois au nord, qui sont : les *Iles Britanniques*, le *Danemark*, la *monarchie Scandinave*.

Le royaume des **Iles Britanniques**, qu'on appelle aussi **Royaume-Uni de Grande-Bretagne et d'Irlande**, est situé au N. O. de la France, entre la mer du Nord, l'océan Atlantique et la Manche.

Les Iles Britanniques ont 38 millions d'habitants. Tout l'empire, avec les grandes possessions hors d'Europe, en comprend 350 millions.

La Grande-Bretagne renferme trois pays : l'*Angleterre*, le *pays de Galles* et l'*Écosse*. — Les montagnes principales sont en Écosse les monts *Grampians*. Le plus important cours d'eau est la *Tamise*, surnommée, par les Anglais, le roi des fleuves. — La capitale de l'Angleterre est LONDRES, la plus grande ville d'Europe et le premier port de commerce du monde, sur la Tamise, vers la mer du Nord : c'est en même temps la capitale de toutes les Iles Britanniques. Sa population est de 5 millions d'habitants.

Les autres villes les plus importantes sont : au N., *Manchester* (535 000 hab.), enrichie par l'industrie du coton ; —

Liverpool (550 000 hab.), port célèbre sur la mer d'Irlande; — *Leeds*, *Sheffield*, *Hull*, villes manufacturières; — *York*, très ancienne; — au milieu, *Birmingham* (400 000 hab.), renommée par ses manufactures d'armes; — au S. O., *Bristol* (205 000 hab.), port près du canal du même nom; — au S., *Plymouth*, *Southampton* et *Portsmouth*, autres ports fameux sur la Manche.

Le pays de Galles n'a pas de capitale; la ville la plus importante est *Merthyr-Tydvil*, avec des mines de charbon de terre.

L'Écosse a pour capitale *Édinbourg* (260 000 hab.), près du Forth, vers la mer du Nord; mais la plus grande ville est *Glasgow* (570 000 hab.), cité manufacturière de premier ordre et port sur la Clyde et vers la mer d'Irlande.

La capitale de l'Irlande est *Dublin* (340 000 hab.), port de la côte orientale de cette île. Les villes principales sont ensuite : *Belfast*, au N.; *Cork* et *Limerick*, au S. O., trois ports très commerçants.

Les Iles Britanniques doivent surtout leur importance à la navigation, au commerce et à l'industrie.

Il n'est pas de peuple plus navigateur que les Anglais, qui ont répandu leurs colonies sur toute la surface de la terre.

Il n'est pas de nation plus commerçante et plus industrieuse.

Le commerce est naturellement développé par les relations des Anglais avec tous les ports du monde, et l'industrie a pris surtout son essor depuis l'exploitation des mines de charbon de terre. La *houille* ou charbon de terre est, en effet, en abondance en Grande-Bretagne et donne des produits énormes.

Les principaux métaux sont le fer, le cuivre, le plomb, l'étain, le zinc; on fabrique de l'excellent acier.

Il y a de nombreux chemins de fer dans les Iles Britanniques, particulièrement en Angleterre.

Le climat est nébuleux, humide. — Les pâturages sont excellents et nourrissent de magnifiques bestiaux.

Une des bases de la prospérité anglaise est le coton, qui vient des États-Unis et de l'Inde; les villes qui s'occupent surtout de cette industrie sont *Manchester* et *Glasgow*.

La religion dominante en Angleterre est la *religion anglicane*, branche du protestantisme. Les Irlandais sont pour la plupart catholiques.

L'empire colonial des Anglais est immense; leurs principales possessions sont : les Indes, l'Australie, la Nouvelle-Zélande, le Canada, la colonie du Cap, etc.

Le royaume de **Danemark** (2 millions d'habitants) est formé : 1° des îles Danoises, situées entre le Cattégat et la Baltique, et dont les principales sont *Seeland* et *Fionie*; 2° de la partie nord de la péninsule Cimbrique, c'est-à-dire de la partie où se trouve le *Jutland*. C'est partout un pays très plat, et généralement bien cultivé. L'instruction y est très répandue. — La capitale est COPENHAGUE (375 000 h.), dans l'île de Seeland et sur le Sund.

Du Danemark dépendent les îles *Færœer* et l'*Islande*, pays très froid et couvert de montagnes volcaniques, dont la plus célèbre est le mont Hékla.

La **monarchie Scandinave** comprend la péninsule Scandinave, traversée par la grande chaîne des Dofrines ou Alpes Scandinaves; — elle se compose de deux grands pays : **la Suède**, dont la partie sud est très plate, et qui a pour capitale STOCKHOLM (250 000 hab.), résidence du roi de toute la monarchie, sur la mer Baltique, — et la **Norvège**, capitale CHRISTIANIA (150 000 hab.), sur le golfe du même nom. Ce sont les États les plus septentrionaux de l'Europe.

La Norvège est découpée par des *fiords*, avancements de la mer dans l'intérieur du pays; les fiords favorisent extrêmement la navigation. Les Norvégiens sont d'excellents marins. Ils s'occupent surtout de la pêche de la morue.

La Scandinavie renferme environ 6 millions d'habitants.

Dans le nord de la Suède et de la Norvège, ainsi qu'en Russie, habitent les *Lapons*, peuple de très petite taille.

ÉTATS DES PRESQU'ÎLES ET DES ÎLES DU SUD

Il y a neuf États dans les presqu'îles et les îles du sud ; ce sont : l'*Espagne*, le *Portugal*, l'*Italie*, la *Turquie*, la *Bulgarie*, la *Roumanie*, la *Serbie*, le *Monténégro* et la *Grèce*.

L'**Espagne** est un royaume de 17 millions d'habitants qui occupe la plus grande partie de la **péninsule Hispanique**, située au S. O. de la France, entre l'océan Atlantique et la Méditerranée. C'est une contrée montagneuse et en partie formée par d'assez grands plateaux. — Les plus grands fleuves sont le Tage et l'Èbre.

Les pays principaux qu'elle renferme sont : la *Galice*, le *royaume de Léon*, la *Vieille-Castille*, la *Nouvelle-Castille*, les *Provinces Basques*, la *Navarre*, l'*Aragon*, la *Catalogne*, le *royaume de Valence*, le *royaume de Murcie*, l'*Andalousie*, l'*Estrémadure*. — MADRID (480 000 hab.), sur le plateau central de l'Espagne, en est la capitale.

Les autres villes principales sont : *Barcelone* (270 000 hab.), port célèbre, sur la Méditerranée ; *Saragosse ; Valence ; Carthagène*, *Malaga*, deux ports sur la Méditerranée ; *Grenade*, *Séville ; Cadix*, port sur l'Atlantique.

Gibraltar, dépendant de l'Angleterre, est un autre port et une place très forte.

La petite république d'*Andorre*, au milieu des Pyrénées, est sous la protection de l'Espagne et de la France.

Le **Portugal** est un petit royaume de près de 5 millions d'habitants, qui comprend la partie occidentale de la même péninsule. La capitale est LISBONNE (246 000 hab.), port illustre, vers l'embouchure du Tage ; autre ville principale : *O Porto*, qui est un autre port, à l'embouchure du Douro, *Coimbre*, etc.

L'**Italie**, qui possède 30 millions d'habitants, s'étend entre les Alpes, la mer Adriatique, la mer Tyrrhénienne et la mer Ionienne ; elle est traversée par la chaîne des

Apennins. — Il y a deux grands volcans, le *Vésuve* et l'*Etna* Ce dernier est en Sicile. — Ses principaux cours d'eau sont le *Pô* et le *Tibre*.

L'Italie est composée, en très grande partie, du **royaume d'Italie,** où se trouvent le *Piémont*, la *Ligurie*, la *Lombardie*, la *Vénétie*, l'*Émilie*, la *Toscane*, l'*Ombrie*, les *Marches*, le territoire *Romain*, le territoire *Napolitain*, la *Sicile* et l'île de *Sardaigne*. — ROME, sur le Tibre, capitale du royaume, est en même temps la résidence du Pape. Elle a été longtemps la capitale des *États de l'Église*, qui étaient le domaine temporel des Papes. Sa population est de 430 000 habitants. — Autres villes importantes : *Florence* (170 000 hab.), sur l'Arno, dans la Toscane ; — *Turin* (320 000 hab.), sur le Pô, dans le Piémont ; — *Alexandrie* ; — *Gênes* (200 000 hab.), sur un golfe du même nom ; — *Milan* (415 000 hab., avec ses faubourgs), capitale de la Lombardie ; — *Venise* (132 000 hab.), capitale de la Vénétie, au milieu des lagunes de la mer Adriatique, — *Padoue* ; — *Vérone* ; — *Mantoue* ; — *Pavie* ; — *Parme* ; — *Modène* ; — *Livourne*, port célèbre de la côte de l'O. ; — *Pise* ; — *Lucques* ; — *Bologne* ; — *Ferrare* ; — *Ravenne* ; — *Pérouse* ; — *Ancône*, *Brindisi*, ports de la côte orientale ; — *Naples*, sur la côte occidentale, la ville la plus peuplée de l'Italie (530 000 hab.), capitale du territoire Napolitain, qui est l'ancien royaume de Naples ; — *Palerme* (270 000 h.), capitale de la Sicile, sur la côte N. de cette île ; — *Messine* et *Catane*, sur la côte orientale de la même île ; — *Cagliari*, capitale de la Sardaigne, sur la côte S. de cette île.

On remarque encore en Italie la petite république de *Saint-Marin* et l'île de *Malte*, qui dépend de l'Angleterre.

SUITE DES ÉTATS DU SUD

La **Turquie d'Europe**, comprise entre la mer Noire, l'Archipel, la mer Adriatique et le mont Balkan, n'est qu'une partie de l'*empire ottoman*, dont le reste se trouve en Asie et en Afrique. La Turquie d'Europe proprement dite possède environ 6 millions d'habitants.

Ses provinces principales sont la *Romélie* ou *Roumélie*, le nord de l'ancienne *Thessalie*, l'*Albanie*, sauf une partie de l'*Épire*, et la *Bosnie* ; mais cette dernière est occupée momentanément par l'Autriche, et il y a une partie de la Romélie qui, sous le titre de *principauté de Romélie orientale*, n'est qu'indirectement soumise au gouvernement ottoman. — L'île de *Candie* dépend de la Turquie.

La capitale de la Turquie est CONSTANTINOPLE (900 000 h.), dans une situation admirable, sur le détroit qui joint la mer de Marmara à la mer Noire et qu'on appelle le Bosphore.

Autres villes principales : *Andrinople*, *Salonique*, port sur l'Archipel.

Au nord de l'ancien empire Turc s'étend le royaume de **Roumanie** qui possède environ 5 millions d'habitants (composé de la Valachie et de la Moldavie), entre le Danube et les monts Carpathes. Capitale BUCAREST (220 000 habit.), dans la Valachie ; autres villes principales : *Iassi*, *Galatz*, port important sur le Danube, dans la Moldavie. La *Dobroudja*, pays de marécages, occupe une presqu'île formée entre la mer Noire et un détour du Danube.

Les **Principautés slaves** sont : 1° la **Bulgarie**, entre le Balkan et le Danube ; capitale SOPHIA ; — 2° le royaume de **Serbie**, sur la rive droite du Danube, capitale BELGRADE, au confluent de ce fleuve et de la Save ; — 3° le **Monténégro**, vers l'Adriatique, capitale CETTIGNE.

La **Grèce**, ou le royaume **Hellénique**, dont la population est d'environ 2 millions d'habitants, est à l'extrémité S. de l'Europe, entre l'Archipel et la mer Ionienne, comprenant le sud de la Thessalie et de l'Épire. La chaîne Hellénique parcourt toute la Grèce du N. au S. Ses principales parties sont le Pinde, la Guiona, le Parnasse, l'Hélicon, le Cithéron ; parmi ses branches, on remarque l'Olympe, l'Ossa, le Pélion, l'Œta, qui forme, avec l'Archipel, le fameux défilé des Thermopyles.

La capitale est ATHÈNES (110 000 hab.), près de l'Archipel. Le Pirée lui sert de port. Ce fut autrefois une ville extrêmement remarquable par ses grands hommes et par la culture des lettres et des arts. — Les *Iles Ioniennes* sont réunies à la Grèce.

RÉSUMÉ ET COMPARAISON DES ÉTATS ET DES CAPITALES EN CHIFFRES RONDS

L'Europe contient environ 360 millions d'habitants.

La Russie d'Europe en renferme seule 97 millions. Tout l'empire Russe en a environ 117 millions.

Viennent ensuite l'empire d'Allemagne, qui renferme 50 millions d'habitants ; l'Autriche (43 millions); la France (38 millions).

Les Iles Britanniques ont 38 millions d'habitants. Il y en a environ 350 millions dans tout l'empire Britannique ; car cet empire possède de grands territoires en Asie, en Afrique, en Amérique et dans l'Océanie.

Le royaume d'Italie a 30 millions d'habitants. L'Espagne, près de 17 millions.

Les parties où il y a le plus de population sur une même étendue de terrain sont la Belgique, les Pays-Bas, les Iles Britanniques, l'Italie, ensuite l'Allemagne et la France.

Londres est la plus peuplée des capitales de l'Europe. On y compte 5 millions d'habitants. Paris occupe le second rang par sa population, qui est de 2 millions et demi d'habitants.

Les plus importantes capitales ensuite sont : Berlin (1 700 000 hab.), Vienne (1 400 000), Saint-Pétersbourg (950 000), Constantinople (900 000).

RACES AUXQUELLES APPARTIENNENT LES EUROPÉENS PRINCIPALES LANGUES EUROPÉENNES

Les peuples qui composent la population de l'Europe sont de race caucasique, excepté les *Lapons*, les *Samoïèdes* et quelques autres nations peu considérables du N. et de l'E., qui appartiennent à la race mongolique.

Les principales familles des *langues* européennes sont :

1° La famille GRÉCO-LATINE, dont les langues sont dérivées du grec et du latin, et qui dominent dans le S. et le S. O. de l'Europe ; le *français* en fait partie ; et il s'y trouve aussi les langues *italienne*, *espagnole*, *portugaise*, *romane*, *roumaine*, *grecque*, *albanaise*.

2° La famille TUDESQUE ou GERMANIQUE, répandue dans le N., et dont font partie l'*allemand*, le *hollandais*, le *flamand*, l'*anglais*, le *suédois*, le *danois*.

3° La famille SLAVE, répandue dans l'E. de l'Europe, et où se trouvent les langues *polonaise*, *russe*, *bohème* ou *tchèkhe*, *wende*, *serbe*, et un assez grand nombre d'autres langues parlées dans des contrées situées entre la mer Baltique, la mer Noire et le Balkan.

4° La famille LITHUANIENNE (dans l'O. de la Russie et l'E. de la Prusse) parlant la langue *lettonne*.

5° La famille FINNOISE, qui s'étend dans le N. E. de l'Europe ; outre le finnois proprement dit, parlé en Finlande, on y remarque la langue *magyare* ou *hongroise*, séparée du reste des langues finnoises par un grand espace de terrain et répandue au milieu du bassin du Danube.

6° La famille CELTIQUE, dans l'O. de la France, dans l'O. et le N. de la Grande-Bretagne et en Irlande ; une des principales langues celtiques est le *bas-breton*, parlé dans l'O de la Bretagne, en France.

7° La famille BASQUE qui se trouve dans l O. des Pyrénées; la langue basque, de même que les langues celtiques, est une des plus anciennes de l'Europe.

RELIGIONS

La religion *chrétienne* règne en Europe ; cependant la Turquie est, en partie, *musulmane*, et il y a quelques *bouddhistes* (adorateurs de Bouddha) à l'E., parmi ceux des peuples de Russie qui sont de la race mongolique.

Au S. et à l'O., les chrétiens sont généralement *catholiques* (en France, en Belgique, en Espagne, en Italie, en Portugal, en Irlande, dans une partie de la Suisse, de l'Allemagne, de l'empire Austro-Hongrois et de la Pologne).

Au N., au N. O et dans plusieurs parties du milieu (dans la Grande-Bretagne, les Pays-Bas, une grande partie de l'Allemagne et de la Suisse, le Danemark, la Scandinavie), ils sont *protestants*, sous les noms de luthériens, de calvinistes, d'évangélistes, de presbytériens, d'anglicans, etc.

A l'E. et au S. E. (en Russie, en Roumanie, en Serbie, en Bulgarie, en Turquie, en Grèce, dans une partie de l'empire Austro-Hongrois), ils professent la *religion grecque*.

Les juifs ou israélites sont assez nombreux en Pologne, en Allemagne, dans l'Autriche-Hongrie.

Les *Bohémiens*, probablement sortis de l'Inde au moyen âge, et qui errent, par petites fractions, dans la plupart des contrées de l'Europe, sont païens, quoiqu'ils habitent au milieu des pays chrétiens et musulmans. Ils sont appelés, en Turquie et dans les Principautés slaves et roumaines, *Tchinganès* et *Tsiganes*; en Allemagne, *Zigueunes*; en Angleterre, *Gypsies*; en Espagne, *Gitanos*.

PARTIES DU MONDE HORS DE L'EUROPE

ASIE

DESCRIPTION PHYSIQUE DE L'ASIE — LIMITES, CLIMAT, MERS GOLFES ET DÉTROITS

L'ASIE, qui occupe la partie orientale de l'Ancien continent, est beaucoup plus grande que l'Europe; elle s'avance bien plus loin vers le nord, et s'approche aussi bien plus de l'équateur. Il y fait très froid au nord et très chaud au sud.

Elle tient, vers l'O., à l'Europe et à l'Afrique par trois espaces de terre : le plus grand et le plus septentrional de ces espaces est le territoire des monts Ourals: celui du milieu est l'isthme du Caucase, entre la mer Caspienne et la mer Noire; le plus méridional est l'isthme de Suez, qui unit l'Asie à l'Afrique.

Partout ailleurs l'Asie est enveloppée par la mer.

Au N., elle est baignée par l'*Océan glacial arctique;* à l'E., par le *Grand Océan*; au sud, par l'*océan Indien.*

Le Grand Océan forme les mers de *Beering*, d'*Okotsk* et du *Japon*, la mer *Jaune* et la mer de *Chine*, qui comprend les golfes de *Tong-king* et de *Siam*.

L'océan Indien forme le golfe du *Bengale*, la mer d'*Oman*, le golfe *Persique* et la mer *Rouge* ou le golfe *Arabique*.

L'océan Glacial communique avec la mer de Beering par le détroit de *Beering*, resserré entre l'extrémité N. E. de l'Asie et l'extrémité N. O. de l'Amérique.

On passe de la mer de Chine dans le golfe du Bengale par le détroit de *Malaka*.

La mer Rouge communique avec l'océan Indien par le détroit de *Bab-el-Mandeb*.

La mer Méditerranée, l'Archipel, la mer de Marmara, la

mer Noire et la mer Caspienne forment une assez grande partie de la limite de l'Asie à l'O.

PRESQU'ÎLES, CAPS, ÎLES ET ÉTENDUE DE L'ASIE

Les côtes de l'Asie sont assez irrégulières, et l'on y voit beaucoup de presqu'îles.

A l'O., est la presqu'île de l'*Asie Mineure*, située entre la Méditerranée et la mer Noire.

Au S. O., on voit la vaste presqu'île d'*Arabie*.

Au S., sont deux grandes presqu'îles : l'*Hindoustan* ou la *presqu'île occidentale de l'Inde*, et l'*Indo-Chine* ou la *presqu'île orientale de l'Inde*, qui comprend elle-même la presqu'île de *Malaka*.

A l'E., on remarque la presqu'île de *Corée* et celle de *Kamtchatka*.

Le cap le plus boréal de l'Asie est le cap *Nord-Est* : — le plus avancé à l'E. est le cap *Oriental*, sur le détroit de Beering ; — le plus méridional est le cap *Bourou*, à l'extrémité de la presqu'île de Malaka ; — le plus occidental est le cap *Baba*, dans l'Asie Mineure.

On remarque aussi le cap *Comorin*, à l'extrémité méridionale de l'Hindoustan.

On remarque dans le Grand Océan la longue chaîne des îles *Kouriles*, à la suite du Kamtchatka ; l'île de *Sakhalien*, les îles du *Japon*, l'île Formose et l'île de *Haï-nan*.

Dans l'océan Glacial, les îles *Liakhov*, froides et inhabitées, et la terre de *Wrangel*, récemment découverte au N. O. du détroit de Beering.

Dans l'océan Indien, se trouvent les îles *Andaman* et *Nicobar* ; l'île de *Ceylan*, une des plus belles du monde ; les îles *Laquedives* et la longue chaîne des îles *Maldives*, environnées de récifs dangereux.

Dans la Méditerranée, on voit l'île de *Chypre*, près et au S. de l'Asie Mineure.

Dans l'Archipel, sont les îles *Sporades*, dont la principale est *Rhodes*.

L'Asie a 10 200 kilomètres de longueur, du N. E. au S. O., depuis le cap Oriental jusqu'au détroit de Bab-el-Mandeb; elle a 8000 kilomètres de largeur, depuis le cap Nord-Est jusqu'au cap Bourou.

PLATEAUX, MONTAGNES ET PLAINES DE L'ASIE

Le sol de l'Asie est très élevé vers le milieu : il y forme le *grand plateau Central*, qui renferme de grandes plaines désertes, des régions entières souvent très accidentées, et qui est entouré presque partout d'énormes montagnes. On remarque, parmi ces montagnes, les monts *Altaï*, au N., et les monts *Célestes*, à l'O, en partie couverts de neiges éternelles; — plus au midi les monts *Karakoram* ou *Kara-koram*, que les Chinois considèrent à tort comme les plus hautes de leur empire ; — puis le *Kouen-lun.*

Le plateau fort élevé de *Pamir*, à l'ouest, peut être rattaché au grand plateau Central. — Au S. du plateau Central, sont les monts *Himalaya*, les plus hautes montagnes de la Terre et dont le mont *Everest*, le point culminant, a près de 9 kilomètres d'élévation.

Il faut aussi remarquer le *plateau de la Perse.*

Entre ces deux plateaux est le *Caucase indien* (Hindou-Kouch).

Dans le S. de l'Hindoustan, sont les deux chaînes des *Ghattes.*

Sur la limite N. O. de l'Asie, s'étendent les monts *Ourals.*

Dans l'O., on remarque les hautes montagnes du *Liban*, du *Taurus* et du *Caucase.* Cette dernière chaîne dépasse nos Alpes. Son plus haut sommet, l'*Elbrouz*, a 5600 mètres. Signalons encore les monts *Ararat* et *Sinaï*, célèbres dans l'histoire sainte.

Dans le nord de l'Asie, on rencontre presque partout des plaines froides et tristes, désignées souvent sous le nom de *toundras* par les Russes.

Dans le N. O., d'autres plaines stériles, les *steppes*, tantôt sablonneuses, tantôt couvertes d'herbes, s'étendent à la fois en Sibérie et dans le Turkestan.

Ville chinoise sur les bords du Kiang.

Les plaines du S., au contraire, sont généralement très fertiles et très belles.

VERSANTS ET FLEUVES DE L'ASIE

L'Asie est partagée en six grandes divisions naturelles, c'est-à-dire deux plateaux : le *plateau Central* et le *plateau de la Perse;* — et quatre versants . le *versant du N.* ou de l'*océan Glacial;* — le *versant de l'E.* ou du *Grand Océan;* — le *versant du S.* ou de l'*océan Indien;* — le *versant de l'O.* ou des *mers intérieures* (mers Méditerranée, Noire, Caspienne et d'Aral).

On voit couler, sur le versant de l'océan Glacial : l'*Ob* ou *Obi*, l'*Iéniseï* et la *Léna*.

Sur le versant du Grand Océan, l'*Amour* ou *Sakhalien-oula*, le *Hoang-ho* ou fleuve *Jaune*, le *Kiang* ou *Yang-tse-kiang* ou fleuve *Bleu* (le plus long fleuve de l'Asie), le *Cambodge* ou *Mè-kong*, et le *Mè-nam*.

Sur le versant de l'océan Indien : l'*Ava* ou *Iraouaddy*, le *Brahmapoutre*, le *Gange*, qui se jettent dans le golfe du Bengale. Le Gange, ainsi que plusieurs cours d'eau, est vénéré par les Indiens; le *Sind* ou *Indus*, tributaire de la mer d'*Oman*, enfin le *Tigre* et l'*Euphrate*, qui se réunissent et se jettent ensemble dans le golfe Persique.

Sur le versant des mers intérieures, l'*Oural*, qui se jette dans la Caspienne ;le — *Djihoun* ou *Amou-daria* (anciennement *Oxus*) et le *Sihoun* ou *Sir-daria*, qui versent leurs eaux dans la mer d'Azal.

LACS DE L'ASIE

Les plus grands lacs de l'Asie sont la mer *Caspienne* et a mer d'*Aral*, placées sur le versant de l'O.

On remarque ensuite, sur le versant du N., le lac *Baïkal*, qui s'écoule dans l'Iéniseï.

Au milieu du grand plateau Central, ou près de ce plateau, on voit le lac *Lob*, le lac *Bleu* ou *Khoukhou-noor*, et le lac *Balkhach*.

Il y a, dans l'ouest, plusieurs lacs salés : les plus grands sont le lac de *Van* et le lac d'*Ormiah* : mais le plus célèbre est le lac *Asphaltite* ou la mer *Morte*, dans un bassin profond, qui ne communique avec aucune mer. Ce lac reçoit au N. le *Jourdain*.

CONTRÉES PRINCIPALES DE L'ASIE

L'Asie comprend treize divisions principales.

Au nord, est la **Russie asiatique orientale**, comprenant la *Sibérie*, avec le *Turkestan russe*, la *Mongolie russe* et la *Mandchourie russe*.

Elle s'étend depuis les monts Ourals, la mer Caspienne et la mer d'Aral jusqu'au détroit de Beering et à la mer du Japon. C'est une contrée plus grande que l'Europe ; cependant elle ne renferme que 7 à 8 millions d'habitants, à cause de son climat généralement très froid ; mais il y a des mines précieuses et beaucoup d'animaux à fourrure.

Les villes principales sont *Tobolsk*, *Irkoutsk*, *Tachkend*, *Samarkand*. Parmi les peuples qui l'habitent, on distingue les *Kirghiz* et les *Ostiaks*.

A l'O., on remarque la *Transcaucasie*, la *Turquie d'Asie*, la *Perse*, l'*Afghanistan* et le *Turkestan*.

La **Transcaucasie**, ou la **Russie asiatique occidentale**, se trouve entre la mer Caspienne et la mer Noire, au S. du Caucase. La *Géorgie* est un des pays principaux qu'elle contient. La ville la plus importante est *Tiflis* (100000 h.).

La **Turquie d'Asie** s'étend entre la mer Noire, l'Archipel, la Méditerranée et le golfe Persique ; sa population est d'environ 14 à 15 millions d'habitants ; elle renferme plusieurs régions très fameuses dans l'histoire : l'*Asie Mineure*, l'*Arménie*, la *Mésopotamie*, l'*Assyrie*, la *Babylonie* et la *Syrie* (dans laquelle se trouvent la *Palestine* ou *Judée* et la *Phénicie*).

Les villes principales sont : *Smyrne* (225000 hab.), port très commerçant sur l'Archipel, *Bagdad*, sur le Tigre, plus importante autrefois qu'aujourd'hui, *Mossoul*, *Alep*, *Damas*, avec 200000 habitants, *Jérusalem*, *Beyrout*, port de mer. — On y distingue des villes ruinées célèbres : *Troie*, *Éphèse*, *Ninive*, *Babylone*, *Palmyre*, *Tyr*, etc.

La **Perse**, qui s'appelle plus exactement **Iran**, est située entre la mer Caspienne, au N., et le golfe Persique et la mer d'Oman, au S. — TÉHÉRAN en est la capitale ; les autres villes principales sont *Ispahan*, *Tauris* et *Chiraz*.

L'**Afghanistan**, ou royaume de **Caboul**, est compris presque entièrement dans la partie orientale du plateau de la Perse. — Il a pour capitale CABOUL, et pour villes principales *Candahar* et *Hérat*.

Le **Turkestan occidental**, ou **Turkestan** proprement dit, qu'on appelle aussi **Tatarie occidentale** ou **Touran**, s'étend à l'E. de la mer Caspienne et vers la mer d'Aral. — Les plus importants pays qui s'y trouvent sont la *Boukharie*, capitale *Boukhara*, et la *Khivie*, capitale *Khiva*.

SUITE DES CONTRÉES PRINCIPALES DE L'ASIE

Dans le centre et l'E. du continent asiatique, il y a un état : l'empire *Chinois*.

L'**empire Chinois**, que ses habitants appellent l'*empire Céleste* ou l'*empire du Milieu*, est très grand, mais moins vaste cependant que l'empire Russe. C'est le pays le plus peuplé du globe ; on en évalue la population à plus de 400 millions d'habitants.

Il contient cinq contrées principales. La plus importante est la *Chine propre*, qui est baignée par le Grand Océan et qui est le cœur de l'empire, la partie où se trouve la plus nombreuse population ; c'est un pays très beau, très industrieux, et dont la civilisation est fort ancienne. Une *grande muraille* a été élevée pour défendre la Chine au N. ; mais, malgré ce rempart, elle a été conquise plusieurs fois par les peuples septentrionaux.

La capitale est Pé-king, très grande ville, qui a environ 1 500 000 habitants.

Autres villes remarquables : *Nan-king*, *Sou-tcheou*, *Chan-ghaï*, *Canton*.

Les autres pays de l'empire du Milieu sont : la *Mandchourie*, au N. E.; — la *Corée*, à l'E.; — la *Mongolie*, au N.; — le *Tibet*, au S. O.; — le *Turkestan oriental* ou *chinois*, à l'O.

Le **Japon** est un empire tout composé d'îles, situé à l'E. de l'empire Chinois, et remarquable aussi par son industrie et sa civilisation. Ses principales îles sont *Nippon*, *Kiou-siou*, *Sikok* et *Yéso*. Sa population est de 40 millions d'hab.

Myako ou *Kyoto* (300 000 hab.), l'ancienne capitale, est dans le sud de l'île de Nippon.

La capitale actuelle et la plus grande ville est Yédo ou To-Kyo (1 200 000 hab.), sur la côte orientale de la même île : c'est maintenant la résidence de l'empereur ou *mikado*, qui est en même temps le souverain pontife.

Nagasaki, dans l'île de Kiou-siou, a été longtemps le seul port ouvert aux étrangers, et les seuls étrangers admis étaient les Chinois et les Hollandais ; mais, depuis 1854, on a ouvert d'autres ports (*Yokohama*, *Osaka*, etc.), et les Américains, les Français, les Anglais, les Russes, les Allemands, etc., ont aussi acquis le droit de commercer avec le Japon.

SUITE DES CONTRÉES PRINCIPALES DE L'ASIE

Dans le sud de l'Asie, se trouvent quatre contrées : l'*Indo-Chine*, l'*Hindoustan*, le *Béloutchistan* et l'*Arabie*.

L'**Indo-Chine** ou la **presqu'île orientale de l'Inde**, située entre la mer de Chine et le golfe du Bengale, est partagée en plusieurs nations :

Les **Anglais** en ont une partie, à l'O. et au S., et leurs villes principales y sont *Pégou*, *Rangoun*, *Singapour* (dans une petite île de même nom).

On remarque ensuite l'empire **Birman**, dont la capitale est MANDALÉ;

Le royaume de **Siam**, capitale BANGKOK;

L'empire d'**An-nam**, cap. HUÉ, dans la Cochinchine, avec le Tong-King, cap. Hanoï, sous la protection de la France;

La **Basse-Cochinchine**, possession française; capitale SAÏGON;

Le royaume de **Cambodge**, qui reconnaît la suzeraineté de la France; capitale PENOMPENG;

Enfin plusieurs petits États dans la presqu'île de **Malaka**.

L'**Hindoustan**, ou la **presqu'île occidentale de l'Inde**, ou simplement l'**Inde**, s'étend entre le golfe du Bengale, la mer d'Oman et les monts Himalaya. C'est une contrée très riche et très peuplée, dont la civilisation remonte à une haute antiquité.

Les **Anglais** ont la plus grande partie de l'Hindoustan; la capitale de leurs possessions dans cette région est CALCUTTA, très grande ville, sur une branche du Gange, dans la province du *Bengale*. Ils ont aussi *Dehli*, *Agra*, *Bénarès*, *Madras*, *Bombay*, *Surate*, *Lahore*, etc.

Cachemire appartient à l'un des princes de l'Inde qui reconnaissent la suzeraineté de l'Angleterre.

Les **Français** possèdent *Pondichéry*, sur la côte de Coromandel; *Chandernagor*, dans le Bengale, et plusieurs autres villes.

Les **Portugais** ont surtout l'île de *Goa*.

Le **Béloutchistan** s'étend à l'O. de l'Hindoustan, le long de la mer d'Oman. Capitale KÉLAT.

L'**Arabie**, située entre le golfe Persique, la mer Rouge et la mer d'Oman, est en partie composée de déserts; cependant il y aussi des régions fertiles : on y récolte le café le plus renommé. Elle est partagée en plusieurs États, et a pour villes principales *la Mecque*, *Médine*, *Sana*, *Moka*, *Mascate*, *Riad* et *Aden*, qui appartient aux Anglais.

POPULATION DE L'ASIE.

La population de l'Asie est d'environ 800 millions d'habitants. Elle est de la race jaune dans la partie orientale; elle appartient à la race blanche dans la moitié occidentale.

Parmi les peuples de la race blanche, il y en a cependant qui semblent s'en éloigner par leur couleur : tels sont les Hindous, qui ont une peau très brune, quelquefois noire; mais ils se rattachent aux nations blanches par leur conformation générale.

On trouve aussi, vers l'extrémité S. de l'Asie, quelques peuplades de la race malaise, particulièrement dans la presqu'île de Malaka.

La religion *musulmane* domine dans l'Ouest : les deux religions païennes connues sous les noms de *bouddhisme* et de *brahmanisme* règnent dans la partie orientale et dans le Sud.

PRODUCTIONS

L'Asie possède un grand nombre de pierres précieuses, telles que rubis, turquoises, saphirs, cornalines, onyx, aigues-marines. Le sel forme d'épaisses croûtes dans plusieurs déserts.

L'or et le cuivre se trouvent dans plusieurs parties, principalement dans les régions du nord, du centre et de l'est. De riches mines de diamants ont été exploitées dans l'Hindoustan. Il y a de beaux graphites (pour faire les crayons) dans la Sibérie.

Le sud de l'Asie a une magnifique végétation : le cocotier; le palmier corypha, aux feuilles immenses; le dattier, aux fruits succulents; l'indigotier, qui donne une belle couleur bleue; le cannellier, le poivrier, le camphrier; le figuier indien ou des Banians, si curieux par ses innombrables troncs; le tek, précieux dans les constructions; l'oranger; le bambou, qui forme des taillis épais; le bananier, aux feuilles majestueuses et aux énormes grappes de fruits; le bois de sandal, d'une odeur agréable; le caféier, le riz, le cotonnier, la canne à sucre, une foule d'autres plantes intéressantes, croissent en abondance dans ces fertiles régions.

L'ouest offre particulièrement des oliviers, de la vigne, des lentisques et des térébinthes, qui donnent le mastic et la térébenthine; des cyprès et des cèdres, au port majestueux; des cerisiers, des abricotiers, des pêchers, des figuiers. Les céréales communes en Europe y viennent parfaitement.

L'est possède le thé, l'arbre au vernis, le camellia, l'hortensia, l'arbre à cire, l'arbre à suif, le mûrier, etc.

La rhubarbe est particulière aux plaines arides du centre.

Dans le sud, on rencontre d'innombrables espèces d'animaux : des singes, des éléphants, dont les plus renommés sont ceux de Ceylan; des tigres, qui habitent surtout le delta marécageux du Gange; des perroquets, des argus, des faisans dorés et argentés, des crocodiles, des tortues.

On pêche les huîtres à perles dans le golfe Persique et sur la côte de Ceylan, et l'on trouve aux Maldives une grande quantité de cauris.

Le ver à soie nous est venu d'Asie, où il est élevé dans un grand nombre de pays, surtout au sud-est.

La chèvre qui donne le duvet à châles, l'yak, ou bœuf à queue de cheval, le chevrotain porte-musc, sont particuliers aux montagnes du centre.

Les chameaux sont les plus utiles bêtes de somme des régions occidentales et centrales.

Les chevaux de l'Arabie sont remarquables par leur élégance et leur vitesse.

Dans le nord, des martres, des hermines, des renards, dorment des fourrures d'un grand prix.

AFRIQUE

DESCRIPTION PHYSIQUE DE L'AFRIQUE (LIMITES, MERS, GOLFES, CAPS, ETC.)

L'AFRIQUE occupe le S. O. de l'Ancien continent. C'est une grande presqu'île, jointe à l'Asie, vers le N. E., par l'isthme de *Suez*, qui est resserré entre la Méditerranée et la mer Rouge.

Elle est entourée par la mer de tous les autres côtés :

Au N., la mer *Méditerranée* et le détroit de *Gibraltar* la séparent de l'Europe.

L'océan Atlantique la baigne à l'O.

Au S. E. et à l'E., se trouve l'*océan Indien*. Cet océan forme le détroit de *Bab-el-Mandeb* et la mer *Rouge*, qui sont resserrés entre l'Afrique et l'Arabie ; il forme aussi le canal de *Mozambique*, qui sépare du continent la grande île de *Madagascar*.

L'Afrique, fort large au N., s'amincit beaucoup vers le sud.

Les côtes africaines sont régulières et uniformes. Cependant la Méditerranée y forme un grand enfoncement, partagé en deux golfes, nommés golfe de la *Sidre* et golfe de *Cabès* (anciennement *Grande Syrte* et *Petite Syrte*). — L'océan Atlantique forme le golfe de *Guinée*, qui comprend ceux de *Benin* et de *Biafra*.

L'Afrique a quatre caps principaux vers les quatre points cardinaux. Ce sont : le cap *Blanc*, au N. ; le cap des *Aiguilles*, au S. ; le cap *Vert*, à l'O., et le cap *Guardafui*, à l'E.

Il faut de plus remarquer, au N., le cap *Bon*, assez près du cap Blanc ; — à l'O., un autre cap *Blanc ;* — au S., le cap de *Bonne-Espérance*.

L'Afrique a 8000 kilomètres de longueur, du N. au S., et 7500 kilomètres dans sa plus grande largeur, de l'E. à l'O. Elle est environ trois fois plus grande que l'Europe.

C'est la plus chaude des cinq parties du monde. Elle offre un mélange de régions très fertiles et de grands déserts sablonneux et arides : on y remarque surtout le *Sahara*, le plus vaste désert du globe.

Il y a encore dans l'intérieur de l'Afrique beaucoup de parties qui nous sont inconnues.

Une des plus hautes chaînes de montagnes est l'*Atlas*, au N. O. — Dans la partie orientale, on trouve les montagnes de *Sémen*.

Au centre, on a découvert, près et au S. de l'équateur, les monts *Kénia* et *Kiliman-Djaro*, qui paraissent être les plus hauts de cette partie du monde. Elles atteignent environ 6000 mètres.

Au S. E., on remarque les monts *Lupata*.

Au S., les monts de *Neige*.

Dans la région renfermée entre les tropiques, les pluies sont périodiques, c'est-à-dire reviennent à des périodes fixes : elles tombent abondamment durant plusieurs mois; ensuite il se passe un assez long temps sans qu'il tombe une goutte d'eau. Ainsi l'année de ces contrées ne se divise qu'en deux saisons : celle des pluies et celle de la sécheresse. Il y a des espaces fort étendus (comme une grande partie du Sahara) où il ne pleut jamais.

Vers le N., l'Afrique envoie ses eaux dans la mer Méditerranée ; — vers l'O., dans l'océan Atlantique ; — vers l'E., dans l'océan Indien.

Il existe, au centre de cette partie du monde, des bassins au milieu desquels sont de vastes lacs.

Le plus grand des fleuves qui se jettent dans la Méditerranée est le *Nil*, formé par la jonction du *Nil Blanc* et du *Nil Bleu*. Le *Nil Blanc*, le plus étendu des deux, sort de grands lacs situés vers l'équateur.

Les pluies qui tombent dans la zone torride où sont les sources du Nil, font gonfler ce fleuve à la fin du printemps. Les inondations du Nil sont bienfaisantes ; elles couvrent d'un limon gras, fécondant une partie de l'Égypte et principalement l'embouchure du Nil, le *Delta*.

Les principaux fleuves tributaires de l'océan Atlantique

Chute du Zambèze.

sont : le *Sénégal*, la *Gambie*, le *Niger*, le *Zaïre*, ou *Congo*, qui porte le nom de *Loualaba* dans une partie de son cours, et qu'on a proposé d'appeler *Livingstone*, en l'honneur d'un grand voyageur; son cours est embarrassé par de nombreuses cataractes; on voit aussi sur ce versant le *Coanza* et le fleuve *Orange*.

Parmi les fleuves qui coulent du côté de l'océan Indien, on remarque surtout le *Zambèze*, qui forme une des plus belles cataractes du monde, appelée *Victoria*.

Le lac *Tchad* ou *Tsad* est au centre de l'Afrique.

A l'E., se trouve le lac *Dembéa* ou *Tana*, formé par le Nil Bleu.

Sous l'équateur, est un lac très grand aussi, nommé *Oukéréré* ou *Victoria*, d'où sort, au N., le Nil Blanc.

Près et au N. O. de ce lac, s'étend le lac *Albert* ou *Mvoutan-Nzighé*, qui se trouve dans le cours du même fleuve.

Au S. de l'équateur, on remarque le lac *Tanganyika*, le lac *Nyassa* et le lac *Ngami*.

CONTRÉES PRINCIPALES DE L'AFRIQUE

L'Afrique est divisée en dix-huit contrées principales :

Au N. E., il y a trois pays arrosés par le Nil et situés vers la mer Rouge : ce sont l'*Égypte*, la *Nubie* et l'*Abyssinie*.

L'**Égypte**, située vers l'isthme de Suez, est baignée par la Méditerranée, au N., et par la mer Rouge, à l'E.; elle est parcourue dans toute sa longueur par le Nil, et très fertile sur les bords de ce fleuve, mais aride ailleurs. Son ancienne civilisation et les belles ruines qu'on y trouve l'ont rendue la plus intéressante des contrées de l'Afrique; elle est gouvernée par un vice-roi ayant le titre de *khédive* et tributaire de l'empereur de Turquie. Les Anglais exercent une grande influence politique sur cette contrée.

Capitale, LE CAIRE, peuplé de 375000 hab., sur le Nil. — Autres villes principales: *Alexandrie*, grand port de commerce de 220000 hab., *Rosette* et *Damiette*, sur la Méditerranée; — *Suez*, sur la mer Rouge, au point où aboutit un canal qui coupe l'isthme et unit directement les deux mers; — *Port-Saïd*, à l'autre extrémité du canal, sur la Méditerranée.

Parmi les villes ruinées, on distingue surtout *Thèbes*, au sud. Vers l'embouchure de l'antique *Memphis*, on remarque les *Pyramides*. Il y en a trois principales.

Un grand canal tracé sous la haute direction de M. de Lesseps coupe l'isthme de Suez et met en communication la Méditerranée et la mer Rouge. Ce canal permet aux Européens d'avoir des relations faciles et assez promptes avec les Indes, l'Orient, l'Océanie, etc.

La **Nubie**, située au S. de l'Égypte, dépendait presque entièrement du même vice-roi avant la révolte des musulmans de ce pays (1885). Elle est traversée aussi par le Nil. La ville principale est *Khartoum*, au confluent des deux Nils. — *Souakim*, sur la mer Rouge, est l'unique port de la Nubie.

L'**Abyssinie** est une région montagneuse qui s'étend au S.-E. de la Nubie, jusqu'au détroit de Bab-el-Mandeb. On y voit la source du Nil Bleu et le lac Dembéa. Elle a formé quelque temps un empire puissant, ayant pour capitale GONDAR. — *Massaouah*, port sur la mer Rouge, est la principale place maritime de la côte; il appartient à l'Italie.

Au N., le long de la Méditerranée, s'étend la **Barbarie** ou la **région Barbaresque,** longue contrée qui occupe presque toute la côte méridionale de la Méditerranée, et qui doit son nom aux *Berbères*, un de ses principaux peuples. Elle se divise en quatre parties : 1° le royaume ou régence de **Tripoli**, capitale TRIPOLI ; — 2° le royaume ou régence de **Tunis ou la Tunisie** (sous la protection de la France), capitale TUNIS (125 000 hab.), près de l'emplacement de l'ancienne *Carthage;* — 3° l'**Algérie**, possession française, baignée par la Méditerranée, qui s'allonge en face de la France. La chaîne qui la parcourt est l'*Atlas*.

Elle est divisée en trois parties : la partie maritime qu'on appelle *Tell* et qui est surtout fertile en blé, en maïs, en riz, etc.; — les *plateaux*, renfermés entre deux massifs de l'Atlas et riches en pâturages ; — le *Sahara algérien*, désert sablonneux, parsemé d'oasis où abondent d'excellents fruits, principalement des dattes.

L'Algérie est divisée en trois départements : ceux d'*Alger*, d'*Oran* et de *Constantine*. Sa population est de plus de 3 millions d'habitants.

Les principales villes sont ALGER (83000 hab.), capitale du gouvernement général, belle ville maritime sur les bords de la Méditerranée. On remarque également sur les bords de la mer, en allant de l'est à l'ouest, *Bône*, avec un beau port; — *Philippeville*, également place fréquentée; — *Bougie*, port de mer et place forte. — *Oran* (75 000 hab.), préfecture importante, place forte, non loin de la mer. — A l'intérieur, *Constantine* (50000 hab.), préfecture, dans une position très forte.

Dans le N. E. du département d'Alger se trouve la région montagneuse nommée grande Kabylie. — Le Jurjura couvre ces contrées de ses escarpements.

4° L'empire de **Maroc**, capitales MAROC et FEZ (100000 h.); autres villes : *Méquinez*, *Mogador*, *Tanger*, *Ceuta* (à l'Espagne).

SUITE DES CONTRÉES PRINCIPALES DE L'AFRIQUE

Les pays d'Afrique baignés par l'Atlantique et situés au N. O., à l'O. et au S. O., sont : le *Sahara*, la *Sénégambie*, la *Guinée supérieure*, la *Guinée inférieure*, l'*Ovampie*, la *Hottentotie*.

Le **Sahara** ou **Grand Désert**, situé au S. de la Barbarie, est baigné à l'O. par l'Atlantique, et s'étend au loin dans l'intérieur. Il renferme un assez grand nombre d'oasis. Parmi les peuples qui l'habitent, on distingue les *Touareg*. Le désert est traversé par des *caravanes* qui comptent souvent jusqu'à 2000 voyageurs. Les chameaux y sont employés comme bêtes de somme.

La **Sénégambie**, qui tire son nom du Sénégal et de la Gambie, est un pays très fertile, mais trop chaud en général, et malsain dans plusieurs parties. Elle est partagée entre les

Français, les Anglais, les Portugais et plusieurs peuples indigènes. Une des villes principales est *Saint-Louis*, aux Français, sur le Sénégal. — Une de nos places maritimes également importantes est *Dakar*.

La **Guinée supérieure** ou **septentrionale** environne au N. et au N. E. le golfe de Guinée. On y remarque : la côte de *Sierra-Leone* (aux Anglais); — la côte des *Graines* (où se trouve la république du *Liberia*, fondée par des nègres libérés venus de l'Amérique); — la côte des *Dents* ou d'*Ivoire* (où il y a eu des établissements français); — la côte d'*Or* (où sont des établissements anglais et l'empire d'*Achanti*); — celle des *Esclaves*, où est le royaume de *Dahomey*; — celle de *Bénin*; — celle de *Gabon* (avec un établissement français).

La plus grande et la plus civilisée des villes de la Guinée supérieure est *Abbéokouta* (100 000 hab.), derrière la côte des Esclaves.

La **Guinée inférieure** ou **méridionale** renferme l'État du Congo, cap. Léopoldville, qui est à la Belgique; le Congo français, au nord du fleuve, cap. Brazzaville; enfin la colonie portugaise d'Angola.

L'**Ovampie** a pour peuple principal les *Ovampo*.

La **Hottentotie** est ainsi appelée de ses habitants, les *Hottentots* ou *Quaqua*.

A l'extrémité sud de l'Afrique, entre l'océan Atlantique et l'océan Indien, est la **colonie du Cap**, qui appartient aux Anglais, et qui est terminée au S. O par le cap de Bonne-Espérance, dont elle tire son nom. La VILLE DU CAP (ou simplement LE CAP) en est la capitale.

Au S. E. et à l'E., les pays baignés par l'océan Indien sont : la *Cafrerie maritime*, le *Mozambique*, le *Zanguebar* et le *Somâl*.

La **Cafrerie maritime**, habitée par plusieurs nations cafres (les *Zoulous*, etc.), renferme la colonie anglaise de *Natal*.

La **capitainerie générale de Mozambique**, qui dépend des Portugais, s'étend en face de l'île de Madagascar ; sa capitale est *Mozambique*.

Le **Zanguebar** est partagé entre plusieurs États nègres et arabes, presque tous sous la domination du sultan de Zanzibar. La capitale de ce prince est ZANZIBAR, sur une île de même nom. *Bagamoyo*, ville commerçante, se trouve en face sur le continent. On remarque aussi l'île et le port de *Mombas*. Zanzibar est sous le protectorat anglais.

Le **Somâl** est à l'extrémité E. de l'Afrique : on y voit *Zeïla*, qui est à l'Angleterre, et *Obok*, qui appartient à la France.

Dans l'intérieur de l'Afrique, on trouve la *Nigritie septentrionale*, la *Nigritie méridionale* et la *Cafrerie intérieure*.

La **Nigritie septentrionale** ou **Nigritie** proprement dite, appelée aussi **Soudan** ou **Takrour**, s'étend entre le Sahara et la Guinée supérieure, et depuis la Nubie jusqu'à la Sénégambie; elle est traversée par le Niger ou Kouara, à l'O., et par le Nil Blanc, à l'E.; le lac Tchad est au milieu.

C'est généralement une contrée belle et fertile.

Parmi les pays qu'elle renferme, on remarque le *Haoussa*, le *Bornou*, le *Ouadaï* et le *Darfour* (qui dépend de l'Égypte). Les villes les plus commerçantes sont *Kano* et *Konka*.

Le nom de Nigritie signifie pays des nègres : les populations nègres y sont, en effet, les plus nombreuses; mais il y a aussi un peuple de couleur rougeâtre, très puissant, nommé les *Fellata*, qui possèdent une grande partie de l'ouest.

La **Nigritie méridionale** est la contrée la moins connue de l'Afrique; le Nil y a sa source, et il s'y trouve les grands lacs Victoria, Albert, Tanganyika, Nyassa et d'autres. — L'*Ouniamouézi* est parmi les principaux pays qu'elle renferme.

La **Cafrerie intérieure** comprend un grand nombre de peuples, dont les principaux sont les *Betchouana* et les *Makololo*. — L'ancien empire du *Monomotapa* était dans cette partie de l'Afrique. Des colons hollandais y ont fondé deux républiques : celle du *Fleuve-Orange* et celle du *Transvaal*, qui sont indépendantes de l'Angleterre.

Les trois contrées de l'intérieur sont celles qu'il est le plus difficile aux Européens de parcourir ; aussi les voyageurs qui les ont visitées se sont-ils acquis une grande célébrité par leurs courageuses explorations : on remarque particulièrement Livingstone, Barth, Speke, Baker, Stanley, Cameron, Brazza, Binger, Monteil.

POPULATIONS DE L'AFRIQUE — ILES PRINCIPALES

POPULATIONS. — On croit que l'Afrique renferme environ 200 millions d'habitants. Ceux du nord appartiennent à la race *blanche* ; mais ils sont généralement de couleur bronzée ; quelques-uns même ont le teint noir, tout en conservant la physionomie générale de la race caucasique. Les principaux sont les *Berbères* (dont font partie les *Kabyles* et les *Touareg*) ; — les *Arabes* ; — les *Maures* (qui sont un mélange d'Arabes et d'autres populations) ; — les *Tibous* ; — les *Coptes* (en Egypte) ; — les *Nubiens* ; — les *Abyssins* ; — les *Somâli*. — Il y a un assez grand nombre de *Turcs* dans l'Égypte et la Barbarie.

Les autres habitants de l'Afrique sont généralement des *nègres*, qui occupent à peu près tout ce qui se trouve au S. du Sahara, de la Nubie et de l'Abyssinie.

On remarque cependant, dans les régions moyennes, quelques peuples considérables qui sont plutôt rouges que noirs, et qui paraissent tenir le milieu entre ces deux races : tels sont les *Fellata*, les *Galla*, populations guerrières et entreprenantes. — Dans le S., les *Cafres*, dont la couleur est d'un gris d'ardoise, et les *Hottentots*, d'un jaune brun, diffèrent assez des nègres proprement dits.

Les peuples africains sont plongés dans un triste état de barbarie ; un grossier *fétichisme*, qui consiste dans l'adoration des animaux et d'objets inanimés, est la religion du plus grand nombre des nègres. Le mahométisme est répandu dans le nord, dans une grande partie des contrées centrales et sur une étendue de la côte de l'océan Indien.

Les Coptes et les Abyssins sont chrétiens.

Un des plus révoltants usages de l'Afrique est la vente des esclaves. Les lois des nations civilisées s'opposent à ce commerce, qui se fait encore cependant sur beaucoup de points.

Iles de l'Afrique dans l'océan Atlantique. — Les îles *Açores* sont belles et riches en excellents fruits, surtout en oranges, mais éprouvent souvent des tremblements de terre. Elles appartiennent au Portugal.

Les îles *Madère* dépendent aussi du Portugal. La plus grande, nommée également *Madère*, est fertile en vins renommés.

Les *Canaries*, dépendantes de l'Espagne, sont la plupart très riches et très belles. La plus considérable est *Ténérife*, célèbre par une haute montagne volcanique qu'on appelle le *Pic de Ténérife*. — La plus occidentale est l'île de *Fer*, autrefois le terme des connaissances géographiques de l'ouest.

L'île de *Gorée*, près du cap Vert, est aux Français.

Les îles du *Cap-Vert*, soumises au Portugal, sont malsaines et exposées à de funestes sécheresses.

L'*Ascension* et *Sainte-Hélène* dépendent de l'Angleterre ; la seconde de ces deux îles est célèbre par l'exil et la mort de Napoléon Ier.

Fernando-Po, dans le golfe de Guinée, est à l'Espagne.

L'île du *Prince* et celle de *Saint-Thomas*, dans le même golfe, appartiennent aux Portugais.

L'île d'*Annobon* est aux Espagnols.

Les îles *Tristan da Cunha*, très éloignées vers le S., sont à l'Angleterre.

Iles de l'Afrique dans l'océan Indien. — *Madagascar* ou *Malgache* est une des plus grandes et des plus belles îles de la Terre. Les habitants s'appellent *Malgaches*. Ils sont divisés en plusieurs nations, dont la principale est celle des *Hova*. Cette nation a pour capitale *Tananarive*. Madagascar est sous le protectorat de la France.

L'île de la *Réunion* (autrefois *Bourbon*) est l'une des plus importantes colonies françaises. Elle produit surtout beaucoup de café. Le chef-lieu est *Saint-Denis*.

L'île *Maurice* (autrefois *île de France*), que les Français ont possédée longtemps, appartient maintenant aux Anglais. C'est une belle colonie, qui a pour chef-lieu *Port-Louis*.

Rodrigue, à l'E. de Maurice, est aussi aux Anglais.

Les îles *Comores*, situées dans le N. du canal de *Mozambique*, appartiennent la plupart à des princes indigènes. L'une d'elles, *Mayotte*, dépend de la France.

Les îles *Séchelles* sont à l'Angleterre.

L'île de *Zanzibar*, sur la côte de Zanguebar, avec une ville de même nom, est la résidence d'un puissant sultan arabe.

L'île de *Mombas* ou *Mombaza*, sur la même côte, appartient au même sultan.

L'île de *Socotora*, à l'E. du cap Guardafui, est soumise aux Anglais.

L'île de la *Désolation* ou la *Terre de Kerguelen*, placée bien loin au S. E. de l'Afrique, se compose entièrement de rochers arides.

PRODUCTIONS

L'Afrique est la partie de l'Ancien continent la plus riche en or ; ce métal s'y trouve surtout sous la forme de poudre, et y fait l'objet d'un grand commerce. Le cuivre et le fer sont assez abondants. Le sel est commun dans les déserts arides. Il y a dans le S. des mines de diamants et d'or.

Le froment, le riz, d'autres céréales nommées dourah et sorgho, l'orge, le maïs, le manioc, dont la racine donne une excellente farine, procurent, dans plusieurs contrées, de précieuses récoltes.

Le dattier se plaît au milieu des sables du N., et les dattes y sont le principal aliment des tribus nomades. Les orangers, les citronniers, les cédratiers, se voient particulièrement sur les rives de la Méditerranée ; les pamplemousses, qui appartiennent à la même famille, préfèrent les régions du S. La vigne réussit également dans les parties les plus septentrionales et les plus méridionales, et dans les îles Madère et Canaries.

Le cocotier, le palmier élaïs, qui donne l'huile de palme; le chi ou arbre à beurre; le bananier; l'acacia vrai, qui fournit la gomme arabique; le gigantesque baobab, le bombax ou fromager, le figuier indien, le dragonnier, intéressant par sa résine appelée sang-dragon; l'arachide ou noix de terre, qui fournit une huile abondante; d'énormes euphorbes, d'innombrables mimoses, sont communs dans les régions moyennes.

Dans le N. E., on récolte le séné, qui est l'objet d'un grand commerce.

Le caféier croît naturellement dans la partie orientale, et l'on pense même que cette plante précieuse est originaire de l'Afrique, d'où elle a été transportée en Arabie.

La canne à sucre, l'indigo et le cotonnier sont cultivés dans plusieurs parties.

Ce n'est qu'en Afrique que l'on trouve la girafe et le zèbre.

Les lions y sont plus nombreux que dans aucune autre partie du globe.

Le léopard, la panthère, l'hyène, le chacal, sont des animaux féroces répandus presque dans toutes les régions africaines.

L'éléphant, le rhinocéros, l'hippopotame, habitent dans les parties moyennes et méridionales.

Dans le N., il y a un grand nombre de chameaux.

On rencontre en beaucoup d'endroits la gazelle, la civette, qui produit la matière odorante du même nom. D'innombrables antilopes peuplent plusieurs contrées, surtout celles du sud; il y a de nombreuses espèces de singes, entre autres les chimpanzés, les gorilles, les mandrills, etc.

Parmi les oiseaux, on remarque l'autruche, qui erre dans les déserts du N.; l'outarde, la demoiselle de Numidie, la grue couronnée, l'ibis, révéré des anciens Égyptiens; la cigogne; les albatros ou moutons du Cap, énormes oiseaux aquatiques; les cormorans, les pintades, de belles espèces de coucous; de nombreuses variétés de perroquets, entre autres les jacos, qui apprennent le mieux à parler; des vautours; le messager ou secrétaire, etc.

On trouve le crocodile dans la plupart des fleuves : parmi les serpents venimeux, on peut citer la vipère haje d'Égypte, et le céraste, qui se tient caché dans les sables des déserts.

Les mers d'Afrique sont peuplées de poissons curieux par l'éclat de leurs couleurs ou par la bizarrerie de leurs formes : tels sont les exocets ou poissons volants.

La coquille qui donne la pourpre se trouve sur les côtes de la Méditerranée.

Un des insectes les plus nuisibles de l'Afrique est le criquet, espèce de sauterelle, dont les nuées redoutables dévastent en un moment des provinces entières ; mais les habitants du désert en font un de leurs mets principaux.

Les scorpions sont très nombreux.

Les fourmis blanches, ou termites, causent beaucoup de ravages.

La mouche tsétsé, qui fait périr les bœufs et les chevaux, se rencontre dans plusieurs contrées du sud (Zambèze).

Les plus belles espèces de corail sont communes sur les côtes septentrionales de l'Afrique.

AMÉRIQUE

DÉCOUVERTE, LIMITES, MERS, GOLFES, DÉTROITS, PRESQU'ILES, ILES, CAPS ET ÉTENDUE DE L'AMÉRIQUE

Les parties boréales de l'AMÉRIQUE furent découvertes au IXe et au Xe siècle par les Scandinaves, qui appelèrent *Groenland* et *Vinland* les contrées où ils abordèrent. Les parties équinoxiales et les plus riches furent découvertes en 1492 par Christophe Colomb, dont cette partie du monde aurait dû porter le nom ; elle a pris celui d'un voyageur florentin,

Améric Vespuce, qui n'y arriva cependant qu'un peu après Colomb. Les premiers qui virent, au xve siècle, la partie continentale (sur la côte E. de l'Amérique du N.), furent Jean et Sébastien Cabot, en 1494.

Elle s'allonge du N. au S., entre l'*océan Atlantique*, à l'E., et le *Grand Océan*, à l'O.

Elle se termine en pointe vers le S. — Au N., vers l'*océan Glacial*, ses bornes sont encore peu connues, à cause des froids trop rigoureux et des amas de glaces.

L'Amérique se rétrécit beaucoup vers le milieu; sa partie la plus étroite est l'*isthme de Panama*, continué par celui de *Darien*.

Elle est divisée en deux grandes parties, unies entre elles par ce double isthme: l'une est l'*Amérique du Nord*, et l'autre l'*Amérique du Sud*.

Les côtes de l'Amérique du Nord sont très irrégulières; mais celles de l'Amérique du Sud sont uniformes.

L'océan Glacial forme: 1° la mer de *Kane* ou de *Lincoln*, qui a paru libre de glaces aux voyageurs Kane, Hayes et Hall; 2° la mer *Paléocrystique*, découverte plus au N. par Nares, et couverte de glaces infranchissables; 3° la mer de *Baffin*.

L'océan Atlantique forme le détroit de *Davis*, qui sépare le Groenland du reste de l'Amérique; — la mer d'*Hudson*, qui pénètre fort avant dans le continent; — le golfe *Saint-Laurent*, sur la côte orientale de l'Amérique septentrionale; — le golfe du *Mexique* et la mer des *Antilles*, entre les deux Amériques.

Vers l'extrémité méridionale de l'Amérique, se trouve le détroit de *Magellan*, qui sépare le continent de la Terre de Feu et qui porte le nom du navigateur dont le vaisseau a fait le premier tour de monde.

Du côté du Grand Océan, on voit le golfe de *Panama*, le golfe de *Californie* (ou mer *Vermeille*), et la mer de *Beering*.

Au N. de cette dernière mer, est le détroit de *Beering*, situé entre la pointe N. O. de l'Amérique et la pointe N. E. de l'Asie.

On remarque, sur la côte orientale de l'Amérique du

Nord, les presqu'îles de *Labrador*, de la *Nouvelle-Écosse* ou *Acadie*, de *Floride* et de *Yucatan*.

A l'O., on voit la presqu'île de *Californie* et celle d'*Alaska*.

Les îles les plus considérables répandues autour de l'Amérique sont le *Groenland*, l'*Islande*, *Terre-Neuve* et l'archipel du *Spitzberg*, au N. E. (mais ce dernier peut être rattaché à l'Europe); — les *Antilles*, à l'E.; — la *Terre de Feu*, au S.; — l'île de *Vancouver*, et les îles *Aléoutiennes*, au N. O.

Le cap le plus oriental de la partie continentale de l'Amérique du Nord est le cap *Charles*, dans le Labrador, et le plus avancé vers l'O. est le cap *Occidental*, sur le détroit de Beering.

L'Amérique du Sud s'amincit beaucoup vers le S., comme l'Afrique; elle a, comme elle, quatre caps remarquables vers les quatre points cardinaux: au N., le cap *Gallinas;* à l'E., le cap *Blanc* du Brésil; à l'O., le cap *Parina;* au S., le cap *Horn*. Mais ce dernier cap n'est pas sur le continent: il appartient à l'archipel de la Terre de Feu: l'extrémité continentale de l'Amérique vers le S. est le cap *Froward*, sur le détroit de Magellan.

On remarque, près de l'extrémité orientale de l'Amérique du Sud, le cap *Saint-Roch*, et, près de l'extrémité occidentale, le cap *Blanc* du Pérou.

L'Amérique continentale a environ 15000 kilomètres de longueur, du N. au S.; sa largeur, de l'E. à l'O., varie beaucoup: elle n'est que de 45 kilomètres à l'isthme de Panama; elle va jusqu'à 5300 kilomètres dans les parties les plus larges de l'Amérique septentrionale et de l'Amérique méridionale. — Si l'on y comprend les îles, c'est la plus grande partie du monde.

MONTAGNES, FLEUVES ET LACS, ASPECT ET CLIMAT DE L'AMÉRIQUE

L'Amérique a de grandes chaînes de montagnes : la principale est celle qui parcourt le continent dans toute sa longueur ; elle porte le nom de *montagnes rocheuses* ou monts *Rocheux*, au N. ; ceux de *Cordillère du Mexique* et de *Cordillère de l'Amérique centrale*, au milieu, et celui de *Cordillère des Andes*, au S.

On remarque, en outre, dans l'Amérique du Nord, vers la côte O., la *Sierra Nevada*, où se trouvent de riches mines d'or et d'argent, et, vers l'E., les monts *Alleghany* ou *Apalaches*.

De vastes plateaux s'étendent entre plusieurs parties des chaînes américaines. Le plateau du *Mexique* nommé plateau d'*Anahuac*, est un des principaux.

Il y a de grands volcans dans cette immense chaîne de montagnes ; entre autres : — le *Popocatepelt* (5400 mètres) dans le Mexique, — puis dans l'Amérique du Sud, le *Chimborazo*, — le *Cotopaxi*, — l'*Aconcagua*, dont le nom veut dire montagne fumante et qui est le point le plus élevé du Nouveau monde. Sa hauteur est d'environ 6800 mètres.

On appelle *savanes* les vastes plaines qui se déroulent dans l'Amérique du Nord. — On désigne sous le nom de *llanos* et de *pampas*, des territoires également plats, couverts d'herbes pendant plusieurs mois de l'année, et que l'on trouve dans l'Amérique du Sud.

Il y a dans le Nouveau continent beaucoup de grands fleuves et une infinité de lacs ; on y voit aussi d'épaisses forêts et des prairies très étendues.

Le climat est extrêmement froid au N. ; il est froid aussi vers la partie la plus méridionale, mais fort chaud dans les régions du milieu, qui sont dans la zone torride ; cependant on jouit souvent, dans cette zone même, d'un climat très tempéré sur les plateaux. Les régions équatoriales éprouvent des pluies périodiques semblables à celles de l'Afrique, et sont d'une fertilité prodigieuse.

Montagnes Rocheuses ou monts Rocheux.

L'Amérique est divisée en deux versants : l'un oriental, incliné vers l'océan Atlantique et l'océan Glacial ; l'autre occidental, incliné vers le Grand Océan.

Sur le versant oriental, on remarque, dans l'Amérique du Nord :

Le *Mackenzie*, le fleuve de la *Mine de cuivre* et le *Back*, qui se rendent dans l'océan Glacial ;

Le *Saint-Laurent*, dont l'embouchure est très large ;

L'*Hudson*, le *Potomac*, qui se jettent dans l'Atlantique ;

Le *Mississipi*, fleuve long de 4500 kilomètres, et tributaire du golfe du Mexique ; il reçoit le *Missouri*, qui a 5000 kilomètres de cours ; un autre de ses plus grands affluents est l'*Ohio*.

Le *Rio Grande del Norte* se jette aussi dans le golfe du Mexique.

On ne voit sur le versant occidental de l'Amérique du Nord que deux fleuves importants :

L'un est le *Columbia* ou *Orégon*. L'autre est le *Rio Colorado*, qui se jette dans le golfe de Californie.

Il faut aussi remarquer le *Fraser* et le *Sacramento*, célèbres par les mines d'or qui se trouvent vers leurs bords ; et le *Youkon*, qui coule dans une région très froide, encore peu connue, et se jette dans la mer de Beering.

L'Amérique méridionale n'a de grands fleuves que sur le versant oriental. On y remarque :

La *Madeleine* ou *Magdalena ;* l'*Orénoque ;*

Le fleuve des *Amazones* ou simplement l'*Amazone*, appelé aussi *Marañon*.

Le *Tocantins ;* le *São-Francisco ;* le *Rio de la Plata*, fleuve très large, formé par la réunion du *Parana* et de l'*Uruguay ;* le Parana se grossit lui-même du *Paraguay*.

Le principal de tous ces fleuves de l'Amérique méridionale est l'*Amazone*, qui a environ 5000 kilomètres de cours : c'est le fleuve le plus large du globe. Mais le plus long de tous est le *Mississipi*, joint au *Missouri :* ces deux cours d'eau forment ensemble un fleuve de plus de 7000 kil.

L'Amérique du N. est le pays où l'on trouve le plus de lacs.

Le lac des *Montagnes*, le *Grand lac des Esclaves* et le

Grand lac des Ours s'écoulent dans l'océan Glacial par le Mackenzie.

Le lac *Ouinipeg* s'écoule dans la mer d'Hudson.

Le lac *Supérieur*, le plus grand de l'Amérique, et les lacs *Huron*, *Michigan*, *Érié* et *Ontario* s'écoulent dans l'Atlantique par le fleuve Saint-Laurent.

Le lac Érié se verse dans le lac Ontario par la rivière *Niagara*, qui forme une cataracte célèbre.

Dans la partie de l'Amérique qui est resserrée entre la mer des Antilles et le Grand Océan, est le lac de *Nicaragua* ; il s'écoule dans la mer des Antilles par la rivière *San-Juan*, et l'on a projeté de le faire communiquer au Grand Océan par un canal.

Dans l'Amérique méridionale sont trois grands lacs :

Le lac de *Maracaybo*, joint à la mer des Antilles par un détroit.

Le lac *dos Patos*, sur la côte S. E.

Le lac *Titicaca* ou *Chucuyto*, à l'O., sur un plateau des Andes.

CONTRÉES PRINCIPALES DE L'AMÉRIQUE

L'Amérique septentrionale comprend 5 divisions : le *Groenland*, l'*Amérique du Nord anglaise*, les *États-Unis*, le *Mexique* et l'*Amérique centrale*.

Le **Groenland**, dont le nom signifie *terre verte*, est un pays très froid, recouvert d'une calotte de glace, très peu habité et dont on ne connaît pas les limites au N. Il a été traversé, de l'E. à l'O., par le célèbre explorateur norvégien Nansen (1882). Il y a des colonies danoises sur la côte occidentale. Les indigènes sont les *Eskimaux* ou *Huskis*, peuple de très petite taille.

A l'E. du Groenland, on trouve l'*Islande*, qui appartient au Danemark : on y voit aussi l'archipel inhabité du *Spitzberg*, qui est couvert de rochers et de glaces et près duquel on fait une abondante pêche de baleines. Il peut être rattaché à l'Europe aussi bien qu'à l'Amérique, et se trouve au N. de la *Scandinavie*, dont il est comme une dépendance.

L'**Amérique du Nord anglaise,** qu'on appelle aussi **Nouvelle-Bretagne,** s'étend depuis l'océan Atlantique jusqu'au Grand Océan. Elle renferme, au N., beaucoup d'îles et de presqu'îles, qui sont très froides et très peu connues.

A l'E., elle comprend l'important pays du *Canada*, qui a longtemps appartenu à la France, mais qui est aujourd'hui aux Anglais. Les villes principales sont *Ottawa*, capitale; *Québec* et *Montréal*, sur le Saint-Laurent; *Toronto*, sur le lac Ontario.

A l'E. encore, on remarque le *Nouveau-Brunswick* et la *Nouvelle-Écosse*, qui a pour capitale *Halifax*. — Ces deux pays, réunis au Canada et à quelques autres parties de l'Amérique du Nord anglaise, composent la *Confédération Canadienne* ou, en anglais, *Dominion of Canada.*

Devant le golfe Saint-Laurent se trouvent les îles du *Prince-Édouard* et de *Cap-Breton*, et la grande île de *Terre-Neuve*, sur la côte S. de laquelle sont les petites îles françaises de *Saint-Pierre* et de *Miquelon*. On nomme *Grand Banc de Terre-Neuve* un banc de sable célèbre par la pêche à la morue, et qui s'étend au S. E. de l'île à laquelle il doit son nom.

Au N. E., l'Amérique anglaise renferme le *Labrador*.

Sur le Grand Océan est la *Colombie britannique*, où se trouvent des mines d'or.

En face, s'étend l'île de *Vancouver*, qui est une colonie déjà florissante.

Un grand nombre de peuplades indigènes habitent l'Amérique du Nord anglaise : tels sont les *Eskimaux*, qui appartiennent à la race jaune, les *Algonquins*, les *Iroquois* (aujourd'hui presque éteints), qui dépendeut de la race rouge u américaine.

SUITE DES CONTRÉES PRINCIPALES DE L'AMÉRIQUE

Les **États-Unis** occupent le milieu et la partie la plus tempérée de l'Amérique septentrionale, depuis l'océan Atlantique et le golfe du Mexique jusqu'au Grand Océan. Ils forment une république, composée de 44 États confédérés.

La civilisation y est très avancée, et il s'y trouve un grand nombre de villes florissantes. Population : 60 millions d'habitants.

En suivant la côte de l'océan Atlantique et ensuite celle du golfe du Mexique, on remarque les États de **Maine**, de **Massachusetts**, de **New-York**, de **Pennsylvanie**, de **Maryland**, de **Virginie**, de la **Caroline du Nord**, de la **Caroline du Sud**, de **Géorgie**, de **Floride**, d'**Alabama**, de **Mississipi**, de **Louisiane** et de **Texas**.

Dans l'intérieur on distingue les États d'**Ohio**, de **Kentucky**, de **Tennessee**, d'**Indiana**, d'**Illinois**, de **Missouri**, etc.

A l'O., l'État de **Californie**, riche en mines d'or; celui de **Nevada**, riche en mines d'argent.

On voit aussi, à l'O., le territoire du **Nouveau-Mexique**.

On parle anglais dans une grande partie des États-Unis, car les plus anciens de ces États ont été dans l'origine des colonies anglaises.

La capitale est WASHINGTON, sur le Potomac.

Villes principales : à l'E., *Boston*; *New-York*, port célèbre et la plus grande ville d'Amérique (avec 2 millions 1/2 d'hab., y compris *Brooklyn*), port des plus commerçants; *Philadelphie* (1 100 000 hab.), *Baltimore*, *Richmond*, *Charleston*, toutes vers l'océan Atlantique;

Au S., la *Nouvelle-Orléans* (250 000 hab.), dans la Louisiane, sur le Mississipi, près du golfe du Mexique;

Au centre, *Saint-Louis* (450 000 hab.), vers le confluent du Mississipi et du Missouri; — *Cincinnati* et *Louisville*, sur l'Ohio; — *Chicago* (1 200 000), sur le lac Michigan, cité qui grandit très rapidement;

A l'O. *San-Francisco* (230000 hab.), dans la Californie.

Les États-Unis possèdent encore le **territoire d'Alaska**, qui s'avance en face de l'Asie, vers le détroit et la mer de Beering. C'est la ci-devant **Russie américaine**, cédée par les Russes aux États-Unis, en 1867.

La grande chaîne des îles *Aléoutiennes* se prolonge au

S. O. de ce pays, jusque dans le voisinage du Kamtchatka.

SUITE DES CONTRÉES PRINCIPALES DE L'AMÉRIQUE

Le **Mexique** est un beau pays, situé au S. des États-Unis, entre le golfe du Mexique et le Grand Océan. — Sa population est de 9 millions d'habitants.

Le Mexique appartenait autrefois à l'Espagne; c'est aujourd'hui une république.

On y trouve les mines d'argent les plus riches du globe. Il y a aussi d'importantes mines d'or, et beaucoup d'acajou, de bois de teinture, de vanille, de cacao, de bananiers, de nopal à cochenille.

Capitale MEXICO. Autres villes principales : *Vera-Cruz* et *Campêche*, sur le golfe du Mexique; *Puebla* et *Guadalaxara*, dans l'intérieur.

Le Mexique comprend la presqu'île de *Californie*, à l'O., et celle de *Yucatan*, à l'E. Les Anglais ont une portion de cette dernière.

On remarque, dans le Yucatan et dans d'autres parties du S. E. du Mexique, d'anciens monuments très beaux et très vastes, qui ont été construits longtemps avant la découverte de Colomb, par les Toltèques.

L'**Amérique centrale** est une contrée longue et étroite; très belle aussi, et enfermée dans le Grand Océan et la mer des Antilles. Elle est située très avantageusement pour les communications qu'on pourra établir d'un océan à l'autre par des canaux et des chemins de fer.

Elle se compose de cinq républiques:

Le **Guatémala**, avec une capitale de même nom;

Le **Salvador**, capitale SAN-SALVADOR;

Le **Honduras**, capitale COMAYAGUA;

Le **Nicaragua**, capitale MANAGUA;

Le **Costa-Rica**, capitale SAN-JOSÉ.

SUITE DES CONTRÉES PRINCIPALES DE L'AMÉRIQUE

L'Amérique du Sud comprend 11 contrées :

La première, qu'on trouve en entrant dans l'Amérique du Sud est la république des **États-Unis de Colombie** (autrefois **Nouvelle-Grenade**), ancienne colonie espagnole, qui contient au N. O le double isthme de Panama et de Darien, et qui est baignée à la fois par le Grand Océan et la mer des Antilles. On trace un canal de grande communication à travers l'isthme de Panama, tout près du chemin de fer qui relie déjà les rives de l'Atlantique au Pacifique. Cette contrée est traversée par la Cordillère des Andes ; ses côtes sont très chaudes et peu salubres, mais l'intérieur a des plateaux tempérés et sains.

La capitale est BOGOTA. — Autres villes principales : *Carthagène*, au N. ; — *Panama*, au N. O., sur la côte méridionale de l'isthme du même nom, à l'extrémité d'un chemin de fer qui traverse cet isthme et où commencera le canal interocéanique.

A l'E. de cette république se trouve celle de **Vénézuéla**, sur la mer des Antilles et sur les bords de l'Orénoque ; c'est une ancienne colonie espagnole. La capitale est CARACAS.— Autres villes : *Maracaybo*, *Valencia*, *Ciudad-Bolivar*.

Il y a quatre contrées situées sur l'océan Atlantique, dans le N. E., l'E. et le S. E. de l'Amérique du Sud. Ce sont : la *Guyane*, le *Brésil*, l'*Uruguay*, la *Confédération Argentine*.

La **Guyane** comprend la **Guyane anglaise**, capitale *Georgetown* ou *Demerari* ; — la **Guyane hollandaise**, cap. *Paramaribo* ; — la **Guyane française**, cap. *Cayenne*, port dans une île.

La Guyane française est un pays malsain sur les bords de la mer, — mais assez salubre dans l'intérieur, du côté des montagnes. Il est riche en or et en productions végétales.

Il y a une **Guyane vénézuélienne**, dans le S. du Vénézuéla, et une **Guyane brésilienne**, dans le N. du Brésil.

Le **Brésil** est un empire très vaste et un très beau pays, riche en plantes, en mines de toutes sortes (or, diamants, etc.), et qui occupe le centre et l'E. de l'Amérique méridionale. Il a longtemps appartenu au Portugal, aussi les habitants y parlent-ils le portugais. Il y a environ 11 millions d'habitants dans cet empire. Sa capitale est Rio-de-Janeiro (280 000 hab.), sur une baie du même nom, une des plus belles du monde.— On y remarque aussi *São-Salvador* ou *Bahia*, *Pernambouc* et *Para*, ports commerçants.

La république de l'**Uruguay**, placée à l'E. de la rivière Uruguay et au N. du rio de la Plata, a pour capitale Montévidéo (100 000 hab.), port célèbre, sur le rio de la Plata.

La **Confédération Argentine** ou **confédération de la Plata**, qui s'étend de l'embouchure du rio de la Plata aux Andes, a un climat salubre et un sol riche; la ville principale est Buenos-Ayres (270 000 hab.), port florissant, sur le rio de la Plata. Pop. de la confédération, 2 millions d'hab.

D'immenses plaines désertes et couvertes d'herbes, les pampas, occupent l'intérieur, vers le S. Il s'y trouve d'innombrables troupeaux de bœufs et de chevaux.

Cette république possède toute la Patagonie orientale.

Dans l'intérieur se trouve la république du **Paraguay**, très beau pays situé entre le Parana et le Paraguay : la capitale est l'Assomption.

A l'O., vers le Grand Océan, sont quatre républiques, qui ont été des possessions espagnoles.

L'une est la république de l'**Équateur**, couverte par une des parties les plus hautes des Andes; elle a pour capitale Quito et pour autre ville importante *Guayaquil*, port commerçant.

La seconde est le **Pérou**, traversé par les Andes et qui renferme les sources de l'Amazone. Lima (110 000 hab.) en est la capitale; le *Callao* lui sert de port. — *Cuzco*, la seconde ville, fut le centre de la résistance des Incas, qui gouvernaient le Pérou avant la conquête des Espagnols. Le Pérou est exposé à de terribles tremblements de terre. Sa population est d'environ 3 millions d'habitants.

Delta du Parana.

Ensuite on remarque la **Bolivie,** couverte aussi par les Andes, qui y sont très élevées. On y compte environ 2 millions d'habitants.

L'ancienne capitale est CHUQUISACA, LA PLATA ou SUCRE. LE PAZ, siège actuel du gouvernement, est célèbre par ses mines d'or (c'est la plus importante ville). Autres villes remarquables : *Potosi,* bien connu par ses mines d'argent.

Le **Chili,** long et étroit, est resserré entre le Grand Océan et les Andes, dont le sommet culminant est sur la limite de ce pays. Il a un sol fertile et un climat doux, mais il est exposé aux éruptions des volcans et aux tremblements de terre. Cette république compte plus de 2 millions d'habitants.

La capitale est SANTIAGO (150 000 hab.). Autre ville importante : *Valparaiso* (100 000 hab.), port très commerçant.

L'île de *Chiloé,* au sud de cette république, en dépend.

A 650 kilomètres à l'ouest du Chili, se trouvent les îles de *JuanFernandez,* sur l'une desquelles fut abandonné, en 1709, le marin écossais Alexandre Selkirk, dont les aventures ont fourni le sujet de l'ouvrage intitulé *Robinson Crusoé.*

Le Chili possède toute la côte occidentale de la Patagonie et la plus grande partie de la Terre de Feu.

La **Patagonie,** à l'extrémité méridionale de l'Amérique, est resserrée entre le Grand Océan et l'océan Atlantique ; c'est un pays triste et froid, habité par des peuples sauvages qu'on nomme *Patagons,* célèbres par leur taille élevée et, comme nous venons de le voir, partagé entre la Confédération argentine et le Chili.

A côté de la Patagonie, vers le S., se trouve l'archipel de la *Terre de Feu,* séparé du continent par le détroit de Magellan, et où règne un climat très froid.

A l'E., on rencontre les îles *Malouines* ou *Falkland,* où les Anglais ont un établissement.

Fort loin au S. des îles Malouines et de la Terre de Feu se trouvent quelques terres couvertes de glace et que l'on connaît peu : tels sont les archipels des *Orcades méridionales* et du *Nouveau-Shetland méridional.*

ILES ANTILLES

Entre l'Amérique du Nord et l'Amérique du Sud, sont les *Antilles*, appelées aussi *Indes occidentales;* elles se trouvent devant le golfe du Mexique et la mer des Antilles.

On les partage en quatre parties principales :

1° Au N., les îles **Lucayes** ou **Bahama,** appartenant aux Anglais : ce sont les premières terres d'Amérique que vit Christophe Colomb en 1492. La première île sur laquelle il descendit fut saluée par lui du nom de *San Salvador* (c'est-à-dire Saint-Sauveur).

2° Au milieu, les **Grandes Antilles,** c'est-à-dire *Cuba*, *Haïti*, la *Jamaïque* et *Puerto-Rico*.

Cuba, magnifique île, la plus grande des Antilles, et allongée de l'O. à l'E., est soumise à l'Espagne; elle a pour capitale *la Havane*, avec un très beau port (230000 hab.).

Haïti ou Saint-Domingue, autre île très belle, forme deux divisions distinctes : à l'O., la république d'HAÏTI, qui est une ancienne possession française, et qui a pour capitale *Port-au-Prince;* — à l'E., la république DOMINICAINE, ancienne colonie espagnole, avec *Saint-Domingue* pour capitale.

La **Jamaïque** appartient aux Anglais.

Puerto-Rico ou **Porto-Rico** est aux Espagnols.

3° A l'E. se trouvent les **Petites Antilles,** qui forment une longue chaîne, dirigée du N. au S. On les appelle quelquefois **îles Caraïbes,** à cause des peuples de ce nom qui les habitaient anciennement; souvent aussi on les nomme **îles du Vent,** parce qu'elles sont exposées aux vents alizés ou vents de l'E., qui soufflent constamment dans ces parages. — La plupart de ces îles sont très fertiles et d'un bel aspect; on y récolte surtout du sucre, du café et du coton. Les tremblements de terre et les ouragans y font souvent des ravages.

Les plus importantes sont la *Guadeloupe*, dont la ville principale est la *Pointe-à-Pitre*, et la *Martinique*, à la France; — *Antigoa*, la *Dominique*, *Sainte-Lucie*, *Saint-*

Vincent, la *Barbade*, la *Grenade* et la *Trinité*, à l'Angleterre. La Trinité, la plus méridionale des îles du Vent, est près de l'Amérique du Sud.

4° Au S., on remarque les **îles sous le Vent**, très voisines de l'Amérique méridionale; les principales sont la *Marguerite*, au Vénézuéla, et *Curaçao*, aux Hollandais.

POPULATIONS DE L'AMÉRIQUE

La population de l'Amérique est d'environ 100 millions d'habitants; c'est la partie du monde la moins peuplée en proportion de l'étendue.

Une grande partie de cette population est d'origine européenne : ce sont surtout les *Espagnols*, les *Français*, les *Anglais* et les *Portugais* qui ont conquis et peuplé le Nouveau monde.

Il y a aussi en Amérique beaucoup de *nègres*, d'origine africaine; quelques-uns sont encore esclaves, particulièrement dans les colonies espagnoles; mais la plupart sont libres.

On nomme *mulâtres* les personnes qui sont nées de blancs et de nègres, et *quarterons* celles qui sont nées de blancs et de mulâtres. On donne le nom de *gens de couleur* aux nègres, aux mulâtres, aux quarterons, à tous ceux enfin qui ont plus ou moins de sang nègre.

Les indigènes américains sont appelés *Indiens*, parce qu'à l'époque de la découverte de l'Amérique, on la prit pour les îles de l'Inde les plus avancées vers l'E. Ces indigènes sont en général grands et bien proportionnés. Ils ont la peau d'un rouge de cuivre ou d'un jaune rougeâtre, quelquefois d'un brun olivâtre; ils ont les cheveux noirs, lisses et durs, et peu de barbe. La plupart ne composent que de petites peuplades sauvages et plongées dans les superstitions du fétichisme.

Le christianisme est répandu chez les autres populations de l'Amérique.

PRODUCTIONS

L'Amérique a de riches mines d'or et d'argent; ces métaux abondent surtout dans la Cordillère du Mexique, la Cordillère des Andes, les montagnes du Brésil et la Sierra Nevada, en Californie. Le cuivre est exploité surtout vers le lac Supérieur et au Chili. Il y a, dans l'Amérique méridionale, d'importantes mines de diamants, d'émeraudes, de platine.

Le pétrole et la houille abondent vers les monts Alleghany.

La végétation américaine est très variée et très belle. Parmi les arbres des forêts du nord de l'Amérique, on peut citer le magnolia, le tulipier, l'acacia; des pins, des sapins, qui atteignent une prodigieuse hauteur; des cèdres, des cyprès, etc.

Dans les parties équinoxiales, on voit le cotonnier, le caféier, la canne à sucre, le cacaoyer, l'indigotier, l'agave, curieux par sa prompte croissance et ses nombreux usages; le bananier, l'igname, le manioc, la vanille, qui grimpe et s'entrelace autour des grands arbres; les cactus; de magnifiques palmiers; les bois de teinture connus sous les noms de campêche et de brésil; l'acajou, qui fournit un bois précieux pour l'ébénisterie; le quinquina, dont l'écorce est un fébrifuge si renommé; l'ipécacuanha et le jalap, autres plantes médicinales célèbres. L'Amérique est la patrie des pommes de terre et du tabac.

Les animaux domestiques de l'Europe ont été transportés en Amérique et s'y sont partout multipliés. Les chevaux et les bœufs se trouvent à l'état sauvage en beaucoup d'endroits.

Les singes sont fort nombreux dans les parties équinoxiales.

Les quadrupèdes principaux des régions du nord sont les élans, les rennes, les ours, les loups, les bisons, les chats-bais ou chats-cerviers, les castors, les hermines, les martres, les renards, les loutres, et d'autres animaux à fourrure. Dans les contrées chaudes, surtout dans la partie méridionale de la zone torride, on remarque le lama, la vigogne,

l'alpaca, qui rappellent un peu, mais en petit, les chameaux de l'Ancien monde; le jaguar, qui habite les forêts marécageuses; le couguar, ou tigre rouge.

Le condor, ou grand vautour des Andes, est de tous les oiseaux, celui qui s'élève le plus haut dans les airs. Le roi des vautours, ou irubi, qui a un plumage agréablement varié, vit dans l'Amérique équinoxiale. Les régions équatoriales renferment encore les perroquets, parmi lesquels on distingue les aras, les perruches; — les colibris, les oiseaux-mouches, si curieux par leurs vives couleurs et leur petitesse. L'autruche américaine (ou le nandou) se trouve dans le S. de l'Amérique méridionale. Le dindon et le canard musqué sont originaires de l'Amérique.

Le plus redoutable des serpents venimeux américains est le crotale ou serpent à sonnettes; le crocodile alligator ou caïman est commun dans les fleuves et les lacs des parties chaudes.

OCÉANIE

SITUATION ET DISTRIBUTION DE L'OCÉANIE — MALAISIE MÉLANÉSIE

Situation et distribution de l'Océanie. — Cette partie du monde, appelée aussi *Monde Maritime*, est située au S. E. de l'Asie et à l'O. de l'Amérique; elle se compose du continent de l'Australie et d'un grand nombre d'îles.

Toutes ces terres sont répandues dans le Grand Océan, ou entre cet océan et l'océan Indien.

C'est la partie du monde qui embrasse le plus vaste espace; mais une étendue considérable de cet espace est occupée par la mer. En réalité, la surface des terres de l'Océanie égale à peu près celle de l'Europe; cependant la population ne s'élève qu'à une trentaine de millions d'habitants.

On partage l'Océanie en cinq divisions : la *Malaisie*, à l'O.; — la *Mélanésie*, au S. O.; — la *Micronésie*, au N.; — la *Polynésie*, à l'E.; — les *Terres antarctiques*, au S.

Malaisie. — La *Malaisie* est ainsi appelée des Malais, qui en forment la population principale; elle se nomme aussi *archipel Asiatique* ou *archipel Indien*. L'équateur la traverse.

On y remarque cinq parties principales : les îles de la *Sonde*, l'île de *Bornéo*, l'île de *Célèbes*, les îles *Moluques* et les îles *Philippines*.

Les îles de la **Sonde** forment une longue chaîne, dirigée du N. O. au S. E. — Les plus considérables sont *Sumatra*, *Java* et *Timor*. **Sumatra** est la plus grande des îles de ce groupe; elle est très fertile, mais habitée dans l'intérieur par quelques tribus d'anthropophages. Les Hollandais ont d'importantes possessions dans ces îles, surtout à **Java**, qui est très peuplée et très riche en productions variées, comme le sucre, le coton, le café, l'arbre à pain. — Dans cette dernière île se trouve Batavia, grande ville de 105000 habitants; c'est le chef-lieu des établissements des Hollandais dans l'Océanie.

Bornéo, située sous l'équateur et d'une forme presque ronde, est la plus grande île de la *Malaisie;* elle est partagée entre les chefs indigènes et les Hollandais. La ville principale est *Bornéo*, résidence d'un sultan. — Il y a de célèbres mines de diamants. Les Anglais ont un établissement au nord.

L'île de **Célèbes** est remarquable par sa forme très irrégulière, par sa magnifique végétation et par ses mines d'or. Les Hollandais en possèdent une grande partie.

Les **Moluques**, ou **îles aux Épices**, appartiennent aussi en grande partie aux Hollandais. Elles produisent les clous de girofle et les muscades. Les principales sont *Gilolo*, *Céram* et *Amboine*.

Les îles **Philippines**, très bel archipel, forment la

partie la plus septentrionale de la *Malaisie*. Les principales de ces îles, presque entièrement au pouvoir des Espagnols, sont **Luçon** et *Mindanao*. — MANILLE (160 000 hab.), dans l'île de Luçon, est la capitale de leur colonie des Philippines.

En résumé, ce sont les Hollandais qui ont la première place en Malaisie : on peut les considérer comme possesseurs de l'archipel de la Sonde et des îles Moluques.

Les Espagnols possèdent une grande partie des îles Philippines.

MÉLANÉSIE. — Le nom de *Mélanésie* indique que la population de cette région est composée de *noirs*.

La terre principale de la Mélanésie est l'**Australie** ou **Nouvelle-Hollande**. Elle forme un continent, long de 4500 kilomètres et large de 2000; son étendue peut être comparée aux trois quarts de l'Europe. Elle appartient à l'Angleterre.

Il y a sur la côte N. le golfe de *Carpentarie*.

Le cap *York* est le point le plus septentrional de l'Australie, et le cap *Wilson*, le point le plus méridional.

On remarque, à l'E. et au S. E., les montagnes *Bleues* et les *Alpes Australiennes;* au sud, le fleuve *Murray*, le lac *Torrens*.

On ne connaît presque pas l'intérieur du pays.

Les régions principales de ce continent sont :

1° La **Nouvelle-Galles méridionale**, dont la capitale est SYDNEY (380000 hab.). Non loin, au sud, se trouve *Botany-Bay* ou la baie Botanique, le premier point où abordèrent les Anglais sous la conduite de Cook ;

2° La province de **Victoria**, la plus favorisée par la douceur du climat, et la plus peuplée par les colons européens. Elle possède de très riches mines d'or et des cultures florissantes. La capitale est MELBOURNE (500 000 hab.), la plus grande ville de l'Australie ;

3° Le **Queensland**, capitale BRISBANE ;

4° L'**Australie du Sud**, capitale ADÉLAÏDE ;

5° L'**Australie du Nord**, qui dépend de l'Australie du S ;

6° L'**Australie de l'Ouest**, capitale PERTH.

Village de la Nouvelle-Guinée.

L'Australie a un climat salubre et tempéré; les productions de l'Europe, entre autres le blé, la vigne, les chevaux, les bœufs et les moutons, y réussissent parfaitement.

Les indigènes sont de misérables populations noires, divisées en familles éparses, tout à fait sauvages.

Au S. E. de l'Australie, est la grande île de **Tasmanie** ou de **Diemen**, qui appartient aussi aux Anglais.

La **Nouvelle-Guinée**, ou **Terre des Papous**, est une belle et grande île située au N. de l'Australie, dont elle est séparée par le détroit de *Torrès;* les Hollandais en possèdent une partie. — Elle se termine, au S. E., par la *Louisiade*, composée d'une longue presqu'île accompagnée d'îles.

Près et à l'E. de la Nouvelle-Guinée, est l'archipel de la **Nouvelle-Bretagne.**

Dans la partie la plus orientale de la Mélanésie, on trouve les îles **Salomon;** — l'archipel de **Santa-Cruz** ou de **La Pérouse,** où le grand navigateur de ce nom a péri par un naufrage; — les **Nouvelles-Hébrides** ou l'archipel du **Saint-Esprit;** — la **Nouvelle-Calédonie,** au pouvoir de la France, composée d'une grande île et de plusieurs petites : *Nouméa* en est le chef-lieu; nous avons pris possession de la Nouvelle-Calédonie en 1853. C'est un pays assez riche en productions végétales et qui a également quelques mines (du fer, de l'or, du nickel, etc.); — les îles **Viti** ou **Fidji,** célèbres par leurs bois de sandal et qui eurent pendant longtemps la triste renommée de posséder les plus terribles cannibales de la Mélanésie, appartiennent aujourd'hui aux Anglais.

Les terres de la Mélanésie sont entourées de récifs de corail.

En résumé, les Anglais, les Hollandais et les Français sont les Européens qui ont des possessions dans la Mélanésie.

MICRONÉSIE — POLYNÉSIE — TERRES ANTARCTIQUES AU SUD DE L'OCÉANIE — POPULATION

MICRONÉSIE. — Dans le nord de l'Océanie, se trouve la *Micronésie*, dont le nom signifie *petites îles*.

Cette division comprend six archipels :

Au nord, l'archipel de **Magellan** ;

Au milieu, les îles **Mariannes**, autrefois îles des *Larrons*, formant une longue chaîne, alignée du N. au S. ; aux Espagnols ;

Au S., les îles **Palaos** et les **Carolines**, ainsi nommées en l'honneur de Charles II (*Carolus*, roi d'Espagne), très nombreuses ; aux Espagnols.

A l'E., les archipels **Marshall** et **Gilbert**, qui tirent leur nom des deux capitaines qui les découvrirent en 1788.

POLYNÉSIE. — La partie orientale de l'Océanie forme la *Polynésie*, dont le nom veut dire *beaucoup d'îles*.

Cette division est traversée par l'équateur. Elle ne renferme qu'un seul archipel au N. de ce cercle : c'est l'archipel **Sandwich** ou **Havaïi**, dont l'île principale s'appelle aussi *Havaïi*. Les habitants de ces îles sont aujourd'hui chrétiens et assez avancés dans la civilisation. La capitale est *Honoloulou*.

Au sud de l'équateur, on remarque :

Les îles **Samoa** ou des **Navigateurs** ; — les îles **Tonga** ou des **Amis** ; — les îles **Manaïa**, de **Cook** ou d'**Hervey** ; — les îles **Tahiti** ou de la **Société**, dont la principale est *Tahiti*, qui appartient à la France, ainsi que *Mooréa*.

Les îles **Toubouaï**, dont deux reconnaissent notre protectorat. L'île *Oparo* ou *Rapa*, au S. E. des Toubouaï, est au pouvoir de la France depuis 1881.

L'archipel **Touamotou** (c'est-à-dire îles lointaines) ou des **îles Basses**, parsemé de beaucoup de récifs, et dont font partie les îles *Gambier* ou *Mangaréva*, qui appartient à la France depuis 1881. L'archipel est sous le protectorat de la France.

L'archipel de **Mendaña** ou des **îles Marquises,** qui appartient à la France, et dont l'une des principales îles est *Nouka-hiva.*

L'île *Rapa* également à nous.

L'île de **Pâques,** située dans la partie la plus orientale de l'Océanie.

La **Nouvelle-Zélande,** importante possession anglaise, composée de trois îles principales, dont les deux plus grandes sont séparées l'une de l'autre par le détroit de Cook. *Wellington* est la capitale, et *Auckland* une des villes principales de cette colonie, qui a de riches mines d'or, et où la civilisation européenne a fait des progrès remarquables.

Les anciens habitants, les Maoris, autrefois anthropophages et fort hostiles aux Européens, se livrent aujourd'hui à la culture.

L'archipel **Chatham** ou **Broughton**, aux Anglais.

L'archipel **Auckland**, à la même nation.

L'archipel **Macquarie**, autre possession anglaise.

Au S. E. de la Nouvelle-Zélande, on trouve, dans la mer, les *antipodes* de Paris, c'est-à-dire le point absolument opposé à Paris.

TERRES ANTARCTIQUES DE L'OCÉANIE. — On rattache à l'Océanie, dans l'océan Glacial du Sud, plusieurs **régions antarctiques**, telles que la *Terre Adélie* et la *Terre Victoria.* Elles sont couvertes de glace et de neige.

POPULATION DE L'OCÉANIE. — Les quelques millions d'habitants de l'Océanie se composent, à l'O., de *Malais;* — au N., de peuples de *race jaune*, dans la Micronésie ; — au S., dans la Mélanésie, de *noirs*, assez différents des nègres de l'Afrique, surtout par leur chevelure, qui n'est pas laineuse, mais plutôt en forme de brosse ; — enfin, à l'E., de *Polynésiens*, belle population brunâtre, qui tient un peu des Malais. — Il y a un assez grand nombre de *blancs* dans la

Malaisie, l'Australie, la Tasmanie, la Nouvelle-Zélande, la Nouvelle-Calédonie, les îles Tahiti et les îles Havaïi.

Beaucoup de populations de l'Océanie sont tout à fait sauvages ; mais plusieurs sont intelligentes et propres à recevoir la civilisation, qui est assez avancée dans quelques îles ; dans d'autres, les mœurs sont féroces, et il y a plusieurs peuplades anthropophages. Les Polynésiens se couvrent la peau d'un tatouage curieux.

La religion musulmane domine parmi les indigènes de la Malaisie ; ceux des autres parties sont fétichistes ou chrétiens.

PRODUCTIONS

On trouve, dans la Malaisie, de l'or, du fer, du cuivre, de l'étain, des diamants. L'Australie est, avec la Californie, la contrée qui a les plus riches mines d'or connues.

La Malaisie produit abondamment le riz, le maïs, la canne à sucre, le sorgho, le camphre, la cannelle, le poivre, le café, la muscade, les clous de girofle, le bois odorant de sandal, les orangers, les mangoustans, qui donnent des fruits délicieux.

Les végétaux indigènes de l'Australie, principale contrée de la Mélanésie, sont peu propres à la nourriture de l'homme ; mais il y a plusieurs beaux arbres, tels que les eucalyptus ; les céréales européennes et les pommes de terre y réussissent bien.

Le cocotier, l'arbre à pain, le bananier, l'igname, croissent en abondance dans les îles de la Micronésie et de la Polynésie, et vers le S. de celle-ci se trouve aussi le précieux phormium, ou lin de la Nouvelle-Zélande.

On rencontre dans la Malaisie l'éléphant, le rhinocéros, l'hippopotame, le tigre, le buffle, les singes (tels que l'orang-outang). Les animaux de l'Australie se distinguent par leurs formes bizarres et leurs habitudes singulières, et ne sont, pour la plupart, d'aucune utilité pour l'homme : tels sont le kangurou, l'échidné, l'ornithorynque, le phalanger volant.

Les animaux domestiques de l'Europe, particulièrement les bœufs, les moutons et les chevaux, y réussissent parfaitement.

Parmi les oiseaux de l'Océanie, on distingue le casoar, qui se rapproche des autruches; la lyre; le kakatoès, perroquet remarquable par sa belle couleur blanche et par la jolie huppe dont sa tête est surmontée; les oiseaux de paradis ou paradisiers, admirables par la richesse de leur plumage; l'hirondelle salangane, dont on mange les nids; les cygnes noirs, dans l'Australie.

Les principaux reptiles sont les crocodiles, le boa, le serpent fil, le serpent noir ou acanthophis bourreau, le tropinotus, un des serpents les plus curieux par la variété et l'éclat des couleurs.

PRINCIPAUX PORTS DE COMMERCE

Rien n'est plus intéressant à suivre dans leur mouvement, dans leur activité prodigieuse, que les ports de mer qui reçoivent des marchandises et en expédient au loin.

Examinons à grands traits quelles sont les places maritimes de premier ordre qui centralisent le plus de transactions commerciales.

L'Europe est admirablement conformée, par ses profondes découpures, pour le commerce de mer.

Les deux ports qui, en Europe, ont le plus grand mouvement de navigation sont Londres et Liverpool. En Grande-Bretagne, les ports de Hull, de Glasgow, de Southampton, Newcastle, sont également à la tête d'immenses transactions.

Sur le continent, les plus grands ports de commerce sont en France : Marseille, le Havre, Bordeaux, Nantes et son annexe Saint-Nazaire, Dunkerque, etc.

En Allemagne : Hambourg, Brême, Lubeck, Dantzig, Stettin, etc.

En Belgique : Anvers.

Dans les Pays-Bas : Amsterdam, Rotterdam, etc.
Dans le Danemark : Copenhague.
En Scandinavie : Stockholm.
En Russie : Saint-Pétersbourg, Riga, Odessa, etc.
En Autriche-Hongrie : Trieste.
En Turquie : Constantinople.
En Italie : Gênes, Livourne, Palerme, Messine, Venise, etc.
En Espagne : Barcelone, Cadix, etc.
En Portugal : Lisbonne.
En Afrique, les principaux ports de commerce sont : Alexandrie, Port-Saïd, Suez, Alger, le Cap, Zanzibar, etc.
En Asie : Smyrne, Aden, Calcutta, Madras, Bombay, Singapour, Canton, Chang-Haï, Emouy, Ning'po, Osaka, Yokohama, Nagasaki, etc.
En Océanie : Batavia, Manille, Sydney, Melbourne, Aukland.
En Amérique : New-York, Boston, Baltimore, la Nouvelle-Orléans, la Havane, Bahia, Rio-de-Janeiro, Montévidéo, Buenos-Ayres, Valparaiso, Panama, San-Francisco.

COLONIES — POSSESSIONS EXTÉRIEURES DES EUROPÉENS

Asie. — Les Français ont des établissements dans l'*Hindoustan* (*Pondichéry*, *Karikal*, *Yanaon*, *Mahé*, *Chandernagor*) ; la partie orientale de l'*Indo-Chine* (*Cambodge*, *Annam*, *Tong-King*).

Les Anglais ont *Chypre* dans la Méditerranée ; — *Aden*, *Périm* à l'entrée de la mer Rouge, la plus grande partie de l'*Hindoustan*, *Ceylan*, les îles voisines de l'Hindoustan : *Nicobar*, *Andaman*, etc., une partie de l'*Indo-Chine*, l'île de *Singapour*, l'île de *Hong-Kong* et quelques autres. Leur empire colonial en Asie est considérable. Les populations qui leur sont soumises s'élèvent à 300 millions d'habitants.

Les Russes possèdent la *Sibérie*, les rives du fleuve *Amour*, *Sakhalien*, la plus grande partie du *Turkestan*, la *Transcaucasie*, etc., à peu près la moitié du monde asiatique.

Les Portugais ont *Goa* et quelques autres établissements dans l'Hindoustan; *Macao*, en Chine, etc.

Afrique. — Les Français possèdent: 1° le gouvernement général d'*Algérie*, divisé en trois départements : *Alger*, *Constantine*, *Oran;* 2° les colonies africaines : le *Sénégal* et dépendances, dans l'O. de l'Afrique; sur les côtes de Guinée, le *Gabon*, occupé, et *Assinie*, *Grand Bassam* et *Dabou*, abandonnés; — l'île de la *Réunion*, celle de *Sainte-Marie*, celle de *Mayotte* et quelques autres au S.-E. de cette partie du monde; *Obokh*, à l'E., etc. Nous exerçons notre protectorat sur la Tunisie, le Dahomey et Madagascar.

Les Anglais ont, en Afrique : la colonie du *Cap*, celle de *Natal*, l'île *Maurice*, l'île *Rodrigue*, les *Séchelles*, *Sainte-Hélène*, l'*Ascension* et quelques autres îles; plusieurs points de la *Guinée* (Sierra Léone, etc.) et de la *Sénégambie*; ils occupent l'Égypte et cherchent à constituer en Afrique un empire anglais du Cap à Alexandrie.

Les Portugais ont en Afrique : les *Açores* et les îles *Madère*, mais qui ne sont pas considérées comme colonies. Leurs colonies proprement dites se composent de la capitainerie générale de *Mozambique*, de l'*Angola*, de la *Sénégambie* dite *portugaise*, des îles du *Cap-Vert*, de l'île du *Prince*, et de celle de *Saint-Thomas*, etc.

Les Espagnols ont, sur la côte du Maroc, les *présides* (forteresses) de *Ceuta*, de *Melilla* et quelques autres. Ils possèdent *Fernando-Pô* et *Annobon*, dans le golfe de Guinée; quant aux Canaries, près des côtes d'Afrique, elles ne sont pas considérées comme colonies, mais comme province intégrante de la métropole.

Les Italiens ont *Assab*, *Massaouah*, sur la côte d'Abyssinie.

Les Allemands ont le *Cameroun*, *Angra-Sequena* et une partie de l'Afrique orientale.

Amérique. — Les Français possèdent plusieurs des îles *Antilles*, particulièrement la *Guadeloupe* et la *Martinique*; la *Guyane française*, dans le N.-E. de l'Amérique méridionale; les îles *Saint-Pierre* et *Miquelon*, près de la côte de Terre-Neuve; quelques autres points du continent américain, etc.

Les Anglais ont en Amérique : l'*Amérique du Nord anglaise* avec le *Canada* (*Dominion*), la *Nouvelle-Écosse*, le *Nouveau-Brunswick*, *Terre-Neuve* et d'autres parties de l'Amérique septentrionale; les îles *Bermudes*; la *Jamaïque*, les *Lucayes*, la *Barbade*, la *Trinité* et beaucoup d'autres îles *Antilles*; le *Yucatan anglais* ou *Honduras anglais*, la *Guyane anglaise*; les îles *Malouines* ou *Falkland*, etc.

Les Espagnols ont *Cuba* et *Porto-Rico*, dans les Antilles.

Les Danois possèdent le *Groenland*, et dans l'archipel des Antilles : *Sainte-Croix*, *Saint-Thomas* et *Saint-Jean*.

Les Hollandais ont une des *Guyanes* et plusieurs des *Antilles* : *Curaçao*, etc.

Océanie. — Les Français possèdent la *Nouvelle-Calédonie*, et quelques groupes d'îles du voisinage; les îles *Marquises* ou *Mendaña*, deux des îles *Tahiti*, les îles *Mangavera* ou *Gambier*, *Oparo* ou *Rapa*, etc., et nous exerçons notre protectorat sur plusieurs archipels.

Les Anglais ont l'*Australie*, la *Tasmanie*, les îles *Viti*, et la *Nouvelle-Zélande*, les îles *Chatam*, *Aukland* et *Macquarie*, un grand nombre d'autres îles à travers l'Océanie, une portion de *Bornéo*, etc. Ils exercent leur protectorat sur quelques îles. Leurs possessions en Océanie ont une étendue presque égale à celle de l'Europe.

Les Hollandais possèdent presque tout l'archipel de la *Sonde*, *Sumatra*, *Java*, la *Nouvelle-Guinée*, etc. *Batavia* est leur plus grande ville (dans Java). Ils ont une partie de *Bornéo* et plusieurs autres points en Malaisie.

Les Espagnols ont également dans la Malaisie, les îles *Philippines* (*Luçon*, *Mindanao*, etc.), et en Micronésie, les *Mariannes*.

Les Portugais ont des établissements à *Timor* (Malaisie).

RELATIONS COMMERCIALES DES CINQ PARTIES DU MONDE — CHEMINS DE FER — GRANDES LIGNES DE NAVIGATION

Esquisse historique des relations commerciales. — L'Inde est peut-être le pays qui a livré le plus anciennement ses produits aux autres nations ; pourtant ce n'est qu'aux huitième et septième siècles avant Jésus-Christ que les transactions de peuple à peuple s'affirment, grâce à la marine phénicienne et à la marine grecque. — Tyr, la Grèce, l'Égypte, Carthage, s'emparent de la suprématie commerciale de la Méditerranée, et, plus tard, Rome, maîtresse du littoral méditerranéen, hérite de la prépondérance de Carthage.

Au onzième siècle, Venise, Gênes, Pise, concentrent le commerce et conservent leur autorité jusqu'au quinzième siècle, époque où le Portugal et l'Espagne conquièrent la première place. Dès lors ces deux puissances se partagent la fortune du globe. Christophe Colomb découvre en 1492 le Nouveau monde, au bénéfice de l'Espagne ; — Vasco de Gama double le cap de Bonne-Espérance, et s'empare de l'Inde au nom du Portugal. En 1520, le Portugais Magellan voit le sud de l'Amérique et franchit le Pacifique. Peu à peu le monde se révèle et s'ouvre au génie commercial de l'Europe.

Au commencement du dix-septième siècle, la Hollande prend possession de l'archipel de la Sonde; sa marine devient prépondérante dans le commerce de l'Orient. Sous Louis XIV, Louis XV et Louis XVI, nous nous efforçons d'étendre notre commerce extérieur. L'Angleterre paralyse nos tentatives ; elle occupe définitivement le premier rang parmi les puissances maritimes et coloniales.

Les États-Unis paraissent destinés à disputer cette place d'honneur à la Grande-Bretagne.

La découverte de l'Amérique, a conquête de l'Inde, avaient accompli une immense révolution dans le commerce;

— les chemins de fer, qui vivifient l'intérieur des continents et rapprochent les distances, tendent à unifier les peuples en confondant leurs intérêts. C'est une des grandes révolutions du siècle.

Grandes lignes de chemins de fer. — L'Angleterre est le berceau des voies ferrées. D'abord la traction était opérée sur les rails au moyen de chevaux : ce n'est qu'après l'invention de la locomotive par Stephenson, en 1829, que le nouveau mode de communication prit un vaste essor. Il fut bientôt introduit en France, en Belgique, en Prusse, aux États-Unis.

Londres est le point central du réseau le plus complet qui existe : de là partent des bras nombreux qui parcourent en tous sens la Grande-Bretagne.

Paris, centre du commerce de l'Europe continentale occidentale, projette plusieurs grandes lignes. Les chemins qui, conduisant de cette capitale à Londres, se rapprochent le plus de l'Angleterre, aboutissent à Boulogne et à Calais. La plus longue ligne française va de Calais à Marseille, en passant par Paris et Lyon : c'est la voie ordinaire de la Grande-Bretagne à la Méditerranée, et par conséquent à l'Inde; mais la voie du tunnel des Alpes (près du mont Tabor) et de l'Italie jusqu'à Brindisi fait une concurrence redoutable à celle de Marseille. Paris n'en est pas moins le lieu de passage de cette grande ligne et communique avec Turin, Rome, etc.

Paris est joint aussi à Bruxelles, Berlin, Vienne, la Suisse, l'Espagne.

Berlin, centre des chemins de fer de l'Allemagne du Nord, communique avec Vienne, avec Saint-Pétersbourg, etc.

Vienne est aussi unie à Saint-Pétersbourg ainsi qu'à toute l'Allemagne, à la Turquie, à l'Italie, etc.

Une voie ferrée très étendue va de Saint-Pétersbourg à Moscou, de Moscou à Nijnii-Novgorod et à Kazan. Les Russes ont créé une ligne ferrée qui va de la Caspienne à Samarkand et Tachkend, et ils sont en train de construire le transsibérien.

Les États-Unis, le Canada, sont couverts de chemins de

fer. Un immense railway unit New-York à San-Francisco, c'est-à-dire l'Atlantique au Pacifique.

L'Hindoustan a aussi son réseau. L'Égypte, l'Algérie, ont leurs lignes; celles de l'Australie s'augmentent journellement.

Grandes routes de mer, services maritimes. — Notre vieux monde est le point de départ des grandes routes de mer; des lignes maritimes rayonnent particulièrement de l'Angleterre, de la France, de la Hollande, des villes Hanséatiques, et relient les principaux ports européens aux États-Unis, aux Antilles, à l'Amérique du Sud, aux Indes et à la Chine, par le Cap ou par Suez. La rapidité est devenue telle, que l'on peut faire le tour du monde en quatre-vingts jours, en passant par les Antilles, l'isthme de Panama, le Japon, la Chine, la Cochinchine, Singapour, Ceylan, la mer Rouge, le canal de Suez et la Méditerranée.

La navigation est facilitée par l'étude des courants et des vents, à la connaissance desquels le commodore Maury (de la marine américaine) a puissamment contribué par ses admirables travaux.

Les grands ports maritimes semblent autant de souverains rivaux qui, pour établir l'équilibre général, entretiennent des relations forcées, incessantes.

Les principales lignes de la Méditerranée, desservies par les messageries maritimes françaises et partant de Marseille, sont celles d'Alger (environ 35 heures de trajet), de Constantinople (environ 7 jours, en passant par Syra et Smyrne), d'Alexandrie (environ 6 jours), etc. La compagnie péninsulaire et orientale anglaise, partant de Southampton, exploite la Méditerranée. — Des vapeurs-courriers espagnols, des bateaux-postes italiens, des bâtiments du Lloyd autrichien desservent également la même mer.

Des lignes spéciales sont organisées pour les transactions avec la mer du Nord et la Baltique; — d'autres mettent l'Europe en relation avec l'Amérique centrale et les États-Unis; — des compagnies françaises font le service du Havre à New-York en dix ou onze jours; — des bâtiments anglais partant

Port de Marseille.

de Liverpool (compagnie Cunard, etc.) peuvent s'y rendre en neuf jours.

Des paquebots de diverses compagnies européennes (messageries maritimes de France, etc.) se dirigent régulièrement du côté de l'Amérique du Sud, Rio-de-Janeiro, Montévidéo, Buenos-Ayres, etc., et font escale à Lisbonne et à Dakar.

Les messageries maritimes desservent l'est de l'Afrique (Suez, Aden, La Réunion, etc.). — Des compagnies anglaises partent de Liverpool et exploitent les principaux ports de l'ouest de l'Afrique (Zanzibar, etc.).

Les messageries maritimes (par le service de la Méditerranée et de Suez) se rendent au sud de l'Asie et dans l'extrême Orient (de Marseille à Saïgon en moins d'un mois), etc.

De Panama, des compagnies anglaises et américaines desservent, d'une part, toutes les côtes ouest de l'Amérique du Sud; de l'autre, les côtes de l'Amérique du Nord (San-Francisco, etc.).

Les messageries maritimes font le service jusqu'à Batavia (Java) en un mois environ, en passant par la Méditerranée (Suez, Aden, Pointe-de-Gale, Singapour). La compagnie péninsulaire et orientale anglaise suit d'abord le même trajet, puis se rend de Pointe-de-Gale à Melbourne, la Nouvelle-Zélande, et de là à Panama, etc.

Importance du canal de Suez et du chemin de fer de Panama. — Grâce au canal de Suez, les Indes, la Chine, le Japon, l'Océanie, ne sont plus qu'à quelques jours de l'Europe, tandis qu'il fallait plusieurs mois pour y parvenir en doublant le cap de Bonne-Espérance. Jamais œuvre n'aura eu des résultats plus positifs pour l'avenir du commerce. Les productions, les richesses du monde oriental affluent en Europe, et la civilisation européenne va vivifier l'extrême Orient.

Le chemin de fer qui relie Colon à Panama, trait d'union entre l'Atlantique et le Pacifique, ouvre la voie de la Californie et des contrées occidentales de l'Amérique du Sud.

Les voyageurs pressés ne doublent plus le cap Horn, mais débarquent à Colon, traversent l'isthme et reprennent le paquebot à Panama. Ce chemin de fer perdra une partie de son importance lors de la création du grand canal qui permettra aux navires de passer d'un océan à l'autre en quelques heures.

La télégraphie électrique. Points extrêmes mis en communication. Les télégraphes sous-marins. — La télégraphie électrique, en mettant en relation immédiate les points les plus éloignés, tend à compléter l'œuvre éminemment civilisatrice des chemins de fer, à unifier les peuples. Les immenses résultats obtenus en moins de vingt ans font présager les destinées véritablement merveilleuses de cette invention. L'Europe et les États-Unis ont adopté avec empressement ce mode de transmission des dépêches; aujourd'hui l'Angleterre, la France, l'Allemagne, la Belgique, la Hollande, etc., possèdent un nombre considérable de réseaux télégraphiques, qui, sur une carte générale, ressemblent à autant de mailles d'un tissu.

L'Europe occidentale est, d'un côté, en relation avec l'Hindoustan, l'Indo-Chine, le Japon, par les fils qui franchissent l'Allemagne, l'Autriche, la Turquie d'Europe (Constantinople), la Turquie d'Asie, la Perse, le Béloutchistan; — de l'autre, avec les États-Unis par le câble transatlantique posé en 1866 entre l'Irlande et Terre-Neuve, et par celui qui, posé en 1869, va de Brest à Saint-Pierre-Miquelon, et de là au continent américain. Il en est plusieurs parallèles. La ligne télégraphique franchit aujourd'hui les États-Unis dans toute leur étendue et peut transmettre immédiatement les dépêches jusqu'à San-Francisco (sur le Pacifique). La ligne se prolonge vers le nord, en suivant les rives de l'Océan.

La télégraphie sous-marine européenne fait de rapides progrès. La Grande-Bretagne est aujourd'hui jointe au continent par plusieurs lignes; la France l'est à l'Algérie par des lignes qui vont de Marseille à Alger, à Oran, à Bône. L'Italie méridionale est en communication avec la péninsule Turco-Hellénique par un câble traversant le canal d'Otrante. La Sicile, Malte et Alexandrie sont réunies par un autre, qui franchit ensuite la mer Rouge et gagne l'Hindoustan.

De Singapour à l'extrémité S. de l'Indo-Chine, une ligne gagne Java, Timor, enfin l'Australie, qu'elle traverse de part en part, du N. au S., qu'elle parcourt ensuite sur les côtes S. E. et orientale.

Ainsi l'Orient et l'Occident, — les deux hémisphères, — se donnent pour ainsi dire la main; il semble que la télégraphie électrique soit appelée à devenir le langage universel parlé de tous les peuples, et que cette langue soit destinée à faire cesser les rivalités de nation à nation et à pacifier le monde au profit de l'humanité.

Les lignes télégraphiques du globe entier s'élèvent déjà à 2 millions de kilomètres, dont environ 100000 kilomètres de câbles sous-marins.

GRANDS VOYAGES ET PRINCIPALES DÉCOUVERTES

L'histoire des voyages et des découvertes forme une des plus importantes études de la géographie. On suit avec un vif intérêt les courses de ces hardis explorateurs, de ces hommes de génie qui ont fait connaître à l'humanité son domaine, et qui, en révélant de nouveaux pays, de nouvelles communications, ont le plus contribué au progrès de la civilisation.

Nous réservons pour les classes supérieures l'histoire complète des découvertes géographiques. Aujourd'hui nous ne voulons aborder, avec les élèves de cette classe élémentaire, que la mention de quelques-uns des plus illustres voyages.

Après les croisades, les hommes de l'Occident furent pris d'un ardent désir de communiquer avec l'extrême Orient; les uns pour répandre la religion chrétienne, d'autres pour s'enrichir par le commerce, plusieurs entraînés par une simple curiosité. De France, d'Italie, d'Espagne, d'Allemagne, d'Angleterre, partirent des hommes entreprenants qui allèrent jusqu'en Mongolie et en Chine, en prenant la route de terre, par le voisinage de la mer Caspienne. Le plus célèbre de tous est le Vénitien **Marco Polo**, né à Venise en 1250. Son père, *Nicolo Polo*, avait fait de grands voyages en Asie, accompagné de son frère, et avait reçu un accueil très favorable de l'empereur ou grand-khan de Tatarie, Koublaï, qui résidait à Karakoroum, en Mongolie, et qui chargea les deux Vénitiens d'une mission auprès du pape. Retournant en Asie, en 1271, ils emmenèrent avec eux le jeune Marco, qui plut beaucoup à l'empereur tatare par ses talents, son savoir et son esprit, et qui fut investi par lui d'emplois importants, entre autres, celui de gouverneur d'une grande ville chinoise, où il commanda trois ans. Cette charge et plusieurs autres dont il fut revêtu lui permirent d'étudier cette mystérieuse Chine, presque inconnue avant lui, et dont la plus grande partie s'appelait alors Cathaï; là il entendit parler d'un autre empire, le Zipangou (Japon), qu'il ne put visiter.

Revenu auprès de Koublaï, il reçut, avec son père et son oncle, la mission d'accompagner en Perse, avec des ambassadeurs persans, une jeune princesse impériale destinée à devenir l'épouse du roi de Perse; des troubles survenus dans l'Asie centrale empêchèrent les voyageurs de conduire la princesse par terre, et ils prirent la route de l'océan Indien et du golfe Persique, ce qui permit à Marco Polo de s'instruire sur les riches contrées du sud de l'Asie et de prendre des renseignements sur l'Afrique orientale, Madagascar, etc.

De la Perse, les Polo revinrent en Europe par l'Asie Mineure, et ils rentrèrent à Venise après vingt-six ans d'absence. Marco raconta avec intérêt ses longs voyages et excita l'admiration de ses contemporains, qui le surnommèrent *Messer Milione* (le seigneur Million), soit parce qu'en évaluant le nombre des sujets et des richesses du vaste empire des Mongols, il ne s'exprimait que par millions, soit à cause de la grande fortune que sa famille et lui avaient acquise dans leurs excursions.

La guerre s'alluma entre Gênes et Venise. Marco Polo, marin expérimenté, fut nommé commandant d'un navire de la flotte vénitienne; il fut fait prisonnier et conduit à Gênes, où il resta longtemps captif, charmant d'ailleurs les Génois par ses récits merveilleux. Ce fut pendant cette captivité qu'il écrivit la relation de ses voyages, en dialecte vénitien, dit-on, d'où elle passa en français, en latin, en italien proprement dit, en espagnol, etc.; quelques érudits pensent qu'elle fut d'abord écrite en français.

Marco Polo revint enfin dans sa patrie, où il se maria, et où il mourut en 1323.

Deux siècles plus tard, c'est vers l'Occident que s'opère le plus mémorable voyage : **Christophe Colomb** découvre l'Amérique, et il se produit un immense changement dans toute l'économie du monde civilisé : c'est la vraie limite entre le moyen âge et les temps modernes.

Colomb (en italien *Colombo*, en espagnol *Colon*) était Génois, et naquit en 1436, suivant l'opinion commune; un peu plus tard, d'après quelques documents. Il était fils d'un simple tisserand. Son père lui fit donner une bonne éducation; son instruction fut commencée parfaitement à Gênes et complétée à l'université de Pavie, où il apprit la géométrie, l'astronomie, la géographie et la cosmographie. Il se sentait un goût prononcé pour la marine, et, dès l'âge de quatorze ans, il commença à naviguer et à se familiariser avec les instruments nautiques. Il voyagea beaucoup sur des bâtiments de diverses nations : on le trouve en Islande vers 1477.

Il fixa sa demeure habituelle en Portugal et s'y maria; mais devenu veuf, il retourna à Gênes. Une pensée l'agitait depuis longtemps; celle d'aller dans les Indes par l'ouest; il se disait que, la Terre étant ronde, on ne pouvait manquer d'arriver en Asie en se dirigeant toujours à l'occident; il se trouvait d'ailleurs encouragé dans son projet par une grande erreur qui régnait sur les cartes et les globes de ce temps. On y figurait l'Asie beaucoup plus étendue à l'orient qu'elle ne l'est réellement, et le Japon (Zipangou), surtout, beaucoup trop rapproché de la côte occidentale de l'Ancien monde.

Colomb avait en vain demandé au roi de Portugal de lui prêter son appui pour cette expédition. Il n'obtint aussi qu'un refus de sa propre patrie. Il se rendit alors en Espagne, où il désirait avoir la protection du roi Ferdinand et de la reine Isabelle; mais il fut longtemps avant de voir son dessein accueilli de ces souverains. Il voyagea plusieurs années dans ce pays, à pied, avec son fils Diégo, dans une extrême pauvreté, gagnant sa vie à faire des globes et des cartes et à vendre des images. Tout à coup cependant il vit luire une vive espérance, par suite d'un évènement providentiel. Il entra un jour au monastère de Sainte-Marie de Rabida, demandant, pour son enfant fatigué et souffrant, l'aumône d'un peu de pain et d'eau; le chef de cette maison, frappé de sa haute intelligence, de son savoir et de la grandeur de ses idées, lui offrit une bienveillante hospitalité, parla de lui à des personnages puissants, et parvint à lui procurer la protection du roi et surtout de la reine, qui avait un esprit éclairé et des sentiments généreux.

Son projet fut adopté; on lui confia trois petits navires ou caravelles, et il partit le 3 août 1492, du port de Palos; il passa aux Canaries, puis s'avança à travers l'Atlantique dans la direction de l'ouest. Son ami Alonzo Pinzon, qui avait contribué de sa fortune à l'équipement de la flottille, commandait un des bâtiments. Après plusieurs semaines d'une navigation où nulle terre ne s'offrit à leur vue, ses compagnons murmuraient de la longueur de la route, exprimaient leur mécontentement de l'insuccès de l'expédition, lorsqu'on découvrit la terre, le 12 octobre 1492; on aborda dans une des Lucayes, à l'île nommée par les indigènes Guanahani et que Colomb appela San-Salvador, mais qu'on ne reconnaît pas aujourd'hui avec précision : on croit généralement que c'est la Cat-Island (l'île du Chat) actuelle; plusieurs commentateurs croient la retrouver dans Watling; d'autres dans Mariguana. Les habitants accueillirent bien les navigateurs, qui se rendirent de là dans plusieurs autres îles de l'archipel des Lucayes, puis à Cuba, enfin à l'île d'Haïti, qui plut particulièrement à Colomb et qui fut appelée par lui l'île Espagnole (Española).

Heureux de ses découvertes, qui, d'après lui, l'avaient conduit aux régions orientales de l'Asie, c'est-à-dire aux îles des Indes les plus avancées à l'est (et voilà pourquoi il nomma ces terres les *Indes* et les habitants des *Indiens*), il revint en Europe, s'arrêta un moment dans le Portugal, dont le roi montra le désir de le retenir, et il débarqua définitivement à Palos, le 15 mars 1493. Il fut accueilli par les acclamations unanimes des populations enthousiasmées de son merveilleux voyage, se rendit à Barcelone, où étaient les souverains de l'Espagne, et obtint une réception pleine de magnificence. La gloire du grand homme était alors à son comble.

Son bonheur ne devait pas être de longue durée : des envieux et des méchants lui nuisirent peu à peu dans l'esprit du roi et de la reine, et détournèrent même le public de sa première admiration. On lui donna cependant la direction d'une nouvelle expédition : ce second voyage, entrepris en 1493, lui fit découvrir les Petites Antilles (la Guadeloupe, la Désirade, Marie-Galante, la Dominique, la Martinique, Saint-Martin, les îles Vierges, etc.), dont les habitants, nommés Caraïbes, étaient anthropophages. Il vit aussi Porto-Rico et la Jamaïque.

Revenu en Espagne, il éprouva cruellement l'injustice des hommes; une opposition sourde se forma contre lui; les souverains parurent lui retirer leur confiance. On ne lui permit qu'avec une extrême difficulté de diriger, en 1498, une troisième expédition, qui le conduisit à l'île de la Trinité, à la Marguerite et sur la côte nord du *continent* de l'Amérique méridionale, qu'il appela le pays de *Terre-Ferme*. Il revint à l'île d'Haïti, où son frère Barthélemi avait fondé la ville de Saint-Domingue (Santo-Domingo), ainsi nommée en l'honneur du père des deux Génois, Domi-

Christophe Colomb débarquant en Amérique.

nique, en espagnol Domingo. Là régnait tyranniquement Bobadilla, qu'on avait nommé gouverneur de la colonie, et qui, craignant que l'amiral ne fît valoir ses droits de chef des pays découverts, le dépouilla de ses titres et de son commandement, le fit charger de chaînes et le renvoya en Espagne, en l'accusant d'ambition et de révolte.

Les souverains espagnols eurent honte cependant de subir l'injustice de Bobadilla : ils délivrèrent le grand homme de ses chaînes, qu'il voulut néanmoins toujours avoir près de lui et qu'il ordonna de placer, après sa mort, dans son tombeau. On ôta à Bobadilla son commandement, et on le remplaça par Ovando, qui n'était pas beaucoup moins malfaisant.

Colomb entreprit un quatrième voyage en 1502. Il se dirigea, cette fois, de Cuba vers le sud-ouest, et longea la côte orientale du pays qu'on appelle aujourd'hui l'Amérique centrale (Honduras, Nicaragua, Costa-Rica, Panama), sans se douter que ce fût un continent nouveau, et croyant toujours être en Asie, dans les parages du Japon, des Indes et de la Chine. Des révoltes de ses officiers et de ses matelots marquèrent tristement cette expédition, dont il a rendu compte par une lettre fameuse écrite aux deux souverains d'Espagne.

Rentré en Europe, il fut reçu froidement par le roi; Isabelle, sa véritable protectrice, était morte; il traîna quelque temps une existence pleine d'amertume, accablé de maux physiques et du chagrin causé par l'injustice et l'ingratitude de ses contemporains; il mourut en 1506, à Valladolid, et il fut enseveli à Séville; mais ses restes furent portés ensuite dans la cathédrale de Saint-Domingue, et enfin à la Havane, capitale de Cuba, où on lui a érigé un beau mausolée.

A l'histoire de Colomb se lie celle de plusieurs voyageurs célèbres, dont deux surtout méritent ici une mention particulière : Améric Vespuce et Barthélemi de Las Casas.

Améric Vespuce (*Amerigo* ou *Alberico Vespucci*), de Florence, excité par les expéditions et les découvertes de Colomb, voulut aussi voir le Nouveau monde, et voyagea, comme astronome et cosmographe, avec différents chefs : Hojeda, Vincent Pinzon, etc. Il fit ainsi quatre grands voyages (peut-être cinq), dont la relation, écrite par lui dans diverses lettres, laisse un peu de vague dans la direction qu'il suivit, dans la situation des pays qu'il a visités. On croit cependant qu'il a parcouru le golfe du Mexique, le Yucatan, les côtes nord et orientales de l'Amérique du Sud, et qu'il s'est avancé jusqu'au niveau de la Patagonie. Son récit est intéressant, amusant même; il eut beaucoup de succès et devint promptement populaire, se répandant plus vite que les relations de Colomb. Il fut édité pour la première fois en 1507, en latin, dans la ville lorraine de Saint-Dié, par le libraire Waldzemuller, qui exprima dans une introduction le désir de voir donner le nom d'*Amérique* au monde nouvellement découvert. Cette proposition fut universellement adoptée, à cause de la grande réputation qu'eurent bientôt les lettres de l'explorateur, et l'on fit à Colomb cette dernière injustice de lui préférer *Améric* pour la dénomination à imposer à la quatrième partie du globe!

Il ne faut cependant nullement accuser le voyageur florentin de cette iniquité, due seulement à la légèreté humaine. C'était à la fois un homme savant et honorable, qui n'aurait voulu rien ravir à la gloire de Colomb.

On a dit qu'il a vu le premier le *continent* américain, en 1497; cependant plusieurs critiques croient qu'il ne le vit qu'en 1499. Quoi qu'il en soit, ce n'est ni à lui, ni à Colomb, qu'appartient la gloire d'avoir abordé pour la première fois ce continent. Nous verrons tout à l'heure à qui revient cet honneur.

Il mourut en 1512, très pauvre, comme Colomb.

Barthélemi de Las Casas, né en Espagne, d'une famille originaire de France, fut un vertueux missionnaire qui, dans les expéditions de Colomb et après la mort de ce grand homme, se voua à la conversion des Indiens et à leur défense contre les traitements barbares que trop souvent les Espagnols leur faisaient subir. Il devint évêque de Chiapa, au Mexique, et y répandit sur les indigènes les trésors de sa charité et de sa bonté. Il fit plusieurs fois le voyage de l'Espagne pour plaider la cause de ses chers protégés auprès de Charles-Quint, et il parvint à adoucir le sort de ces malheureux.

Las Casas fut le dépositaire d'une grande partie des relations de Colomb, et la postérité lui doit de la reconnaissance pour le soin pieux avec lequel il a gardé de si précieux documents.

Dans le temps même où Colomb découvrait les Antilles, deux Vénitiens, *Jean* et *Sébastien Cabot*, le père et le fils, au service de l'Angleterre, longeaient les côtes orientales de l'Amérique du Nord, et touchaient la terre ferme en 1494 (et non en 1497, comme on l'a dit souvent), vers les côtes de la région appelée aujourd'hui Nouvelle-Écosse. Ce sont donc eux qui ont vu les premiers le *continent* américain, mais seulement à l'*époque colombienne*, car il faut reconnaître que, longtemps auparavant, dès l'an 1000, les Scandinaves, après avoir découvert le Groenland, avaient visité et colonisé ce même continent, qu'ils appelèrent *Vinland.*

A cette époque si féconde en magnifiques voyages, en grandes découvertes, nous voyons encore le Portugais **Vasco de Gama** ou plutôt **Vasco da Gama**, qui naquit en 1469, ou quelques années auparavant, suivant plusieurs critiques. Son père, qui s'était fait un nom dans la marine, le destina de bonne heure à la même carrière. Le roi Emmanuel, ayant remarqué son courage et sa rare capacité, le choisit pour diriger une expédition aux Indes par le sud de l'Afrique. Il partit de Lisbonne le 8 juillet 1497. Après avoir longé la côte occidentale de l'Afrique, il arriva au cap de Bonne-Espérance, qu'avait découvert, onze ans auparavant, un autre Portugais, *Barthélemi Dias*, envoyé par le roi Jean II, et qui, assailli à cet endroit par d'affreuses tempêtes, l'avait nommé *cabo Tormentoso* (le cap des Tourmentes); mais le roi Jean, pour ne pas décourager les navigateurs par un nom aussi effrayant, et espérant tirer de grands avantages de cette découverte, lui donna le nom qu'il a gardé depuis.

Dias avait doublé ce cap, mais il n'avait pas osé aller beaucoup plus loin, à cause des mauvais temps qui contrarièrent sa marche, et il était revenu en Portugal sans avoir pénétré dans l'océan Indien. Gama, après avoir doublé heureusement l'extrémité sud de l'Afrique, entra résolûment dans cet océan, où, pour la première fois paraissait un navire européen ; il parcourut la côte orientale de l'Afrique, découvrit le port Natal, les Cafres, la côte de Mozambique, celle de Zanguebar, où il remarqua la grande ville de Mélinde ; puis il fit voile pour l'Inde, et débarqua à Calicut, alors une des cités les plus riches de l'Asie. Bien reçu d'abord par le Zamorin ou chef de cette ville, il remarqua ensuite des dispositions défavorables de la part de ce prince et de la population ; il revint en Portugal, et il rentra à Lisbonne en septembre 1499. Le roi Emmanuel l'accueillit avec la plus grande magnificence, célébra son retour par des fêtes, et le créa amiral des Indes.

L'amiral repartit en 1502. Cette fois, ce fut plutôt une expédition guerrière qu'une exploration géographique. Il soumit au Portugal une partie considérable de la côte orientale de l'Afrique et une partie de la côte de Malabar ; il s'avança jusqu'à Cochin. Revenu à Lisbonne, il fut laissé trop longtemps dans l'inaction. Mais un autre Portugais, *Albuquerque*, rendait à sa place des services signalés, en s'emparant de la grande ville de Goa, en conquérant le reste du Malabar, Ceylan, etc. Enfin, en 1524, Gama partit de nouveau, avec le titre de vice-roi des Indes ; il mourut peu de temps après son arrivée dans ce pays, à Cochin, en 1525.

L'illustre poète *Camoens*, qui voyagea lui-même dans le sud de l'Asie, de 1553 à 1569, a décrit, dans le beau poème des *Lusiades*, les expéditions et les exploits de Gama.

Fernand Magellan, ou plutôt **Magalhaens**, est encore un Portugais célèbre, mais il voyagea généralement pour le compte de l'Espagne. Il avait cependant servi sous Albuquerque, et ne quitta sa patrie qu'en 1517, pour passer au service de Charles-Quint.

Il fut mis à la tête d'une expédition qui avait pour but principal d'assurer aux Espagnols la possession des îles Moluques, que le Portugal, suivant eux, détenait injustement. Il conçut le projet hardi d'aller aux Moluques par l'ouest, espérant trouver un passage à travers l'Amérique. La flottille, composée de cinq navires, partit le 20 septembre 1519, longea la côte du Brésil et arriva en Patagonie, où les Européens furent surpris de la haute taille des habitants. Le froid, les privations qu'il fallut endurer sur cette côte pendant les mois de mai, de juin et de juillet, qui sont l'hiver des régions australes, amenèrent, parmi ses officiers, des révoltes qu'il réprima avec une redoutable sévérité.

Il trouva, en octobre 1520, le détroit qui a pris son nom, le parcourut tout entier, et pénétra, triomphant, dans le Grand Océan, qu'il appela Pacifique (car il n'y éprouva pas de tempête), et que les Espagnols avaient nommé mer du Sud, parce qu'ils l'avaient d'abord vu *au sud* de l'isthme de Panama, lorsque Balboa eut franchi cet espace de terre.

Il navigua pendant près de trois mois à travers cet océan, sans rencontrer de terre, si ce n'est deux îles désolées et insignifiantes, et il arriva aux Philippines en 1521.

Le roi de Zébu, l'une de ces îles, l'accueillit parfaitement et se reconnut vassal du roi d'Espagne. Malheureusement Magellan prit imprudemment parti pour ce roi dans une guerre qu'il soutenait contre un prince du voisinage; il fut tué, dans un combat, par les indigènes ennemis, ainsi que plusieurs des Espagnols qui l'accompagnaient.

Des cinq bâtiments de la flottille, il n'en restait plus que deux, dont l'un gagna les Moluques, et ceux qui le montaient, s'étant mêlés aux luttes qui divisaient les petits rois de ces îles, finirent par devenir prisonniers des Portugais. L'autre, la *Vitoria*, le bâtiment sur lequel avait navigué Magellan, fut commandé par Cano, un des meilleurs lieutenants de ce grand navigateur, se dirigea vers le cap de Bonne-Espérance, le doubla, et parvint, le 5 septembre 1522, à San-Lucar, en Andalousie. Ainsi s'accomplit le *premier voyage autour du monde;* il avait duré trois ans et quatorze jours. La *Vitoria* fut tirée sur le rivage, hissée sur des supports et longtemps conservée comme le monument du voyage le plus extraordinaire qui se fût jamais accompli.

Pour rencontrer un voyageur dont la renommés puisse rivaliser avec celle des explorateurs que nous venons de citer, il faut franchir plus de deux siècles et arriver à **Cook,** sans contredit le plus grand navigateur qu'il y ait jamais eu.

James Cook, Anglais, né en 1728, était le fils d'un simple garçon de ferme ; il fut placé, à treize ans, comme apprenti, chez un petit marchand d'une ville maritime. Il montra bientôt une vocation décidée pour l'état de marin, et s'engagea au service de quelques armateurs qui faisaient le commerce du charbon ; il s'exerça ainsi dans l'art de la navigation et put entrer dans la marine militaire, à bord de l'*Aigle*, commandé par l'illustre Pallsser. Il fut bientôt nommé patron du *Mercure*, petit navire qui se dirigea vers le golfe Saint-Laurent, pour prendre part à la guerre qui régnait alors entre l'Angleterre et la France. Il montra, dans cette circonstance, des talents et un courage remarquables, et il dressa particulièrement des cartes qui rendirent les plus grands services aux commandants anglais. Il fut nommé inspecteur maritime de Terre-Neuve et du Labrador.

Mais il allait être appelé à de bien plus hautes destinées. Le gouvernement anglais le choisit pour aller observer le passage de Vénus sur le Soleil, en 1769, passage qu'on ne pouvait voir très favorablement que d'un point de l'océan Pacifique, l'île de Tahiti, appelée alors par les Anglais île du roi George III.

Il partit de Plymouth le 26 août 1768, sur le navire l'*Entreprise*. C'est ce qu'on appelle son *premier voyage*. Il toucha à Rio-de-Janeiro, alla doubler le cap Horn, et se rendit à Tahiti, où il fut très bien reçu par les naturels, remarquables à la fois par leur beauté et par leurs mœurs douces et affectueuses. Lui-même se concilia complètement leur confiance par son aménité, sa gaieté et son bon sens. Il appela le groupe dont cette île fait partie *îles de la Société*, en l'honneur de la Société Royale de Londres, la première compagnie savante de l'Angleterre.

Il observa très heureusement le passage de Vénus, le 5 juin 1769, et le principal résultat de sa mission se trouvait ainsi obtenu.

Cook resta trois mois à Tahiti. Il fit voile ensuite pour la Nouvelle-Zélande, dont les habitants, cruels anthropophages, lui parurent bien différents des bons insulaires des îles de la Société, mais il reconnut néanmoins chez eux des qualités remarquables d'intelligence et de bravoure. Il se convainquit que cette terre est divisée en deux grandes îles, séparées par un détroit auquel on a depuis donné le nom de détroit de Cook.

Il se rendit de là à la côte orientale de la Nouvelle-Hollande (Australie actuelle), côte inexplorée avant lui, et où il s'arrêta d'abord à la baie Botanique (Botany Bay), qu'il nomma ainsi à cause des plantes nombreuses et inconnues qu'on y remarqua. Il prit possession de toute cette région au nom de l'Angleterre et l'appela Nouvelle-Galles du Sud.

Son navire faillit périr sur les dangereux bancs de corail de ces parages et dans le détroit redoutable qui sépare la Nouvelle-Hollande de la Nouvelle-Guinée; on arriva enfin à Java, puis au cap de Bonne-Espérance, et l'on rentrait en Angleterre, le 12 juin 1771.

Le *second voyage* de Cook eut pour but principal de rechercher s'il existait un continent habitable dans les mers australes, suivant une opinion généralement répandue. Deux navires, la *Résolution* et l'*Aventure*, furent frétés, et partirent de Plymouth, le 13 juillet 1772.

Cook prit la route du cap de Bonne-Espérance, puis s'avança au sud-est, et ne rencontra nul continent, mais des îles de glace et des bancs de glace, qui l'arrêtèrent par 67° de latitude; il gagna alors la Nouvelle-Zélande. Les soins hygiéniques parfaits qu'il entretint pendant ce long et difficile voyage avaient préservé ses équipages de toute maladie.

Il revit l'île de Tahiti, retourna à la Nouvelle-Zélande, s'enfonça de nouveau dans les mers antarctiques, et parvint jusqu'à 71° de latitude, mais la glace s'y montra si compacte qu'il ne put aller plus loin.

Revenant au nord, il s'arrêta à l'île de Pâques, où il vit avec étonnement des statues et d'autres antiquités. Il passa aux îles Marquises, découvertes dès 1595 par le navigateur espagnol Mendaña, et admira la beauté des populations qui les habitent. Il revint encore auprès de ses chers Tahitiens, puis passa aux îles des Amis, qu'il avait déjà vues auparavant et qu'il avait appelées ainsi à cause de la réception amicale que les habitants lui avaient faite; il visita ensuite des îles

Baie dans les îles Marquises.

qu'il nomma les Nouvelles-Hébrides, et dont les indigènes, de couleur noire et généralement laids, lui plurent peu. Il découvrit la Nouvelle-Calédonie, dont les insulaires lui parurent honnêtes et obligeants; il revit la Nouvelle-Zélande, et cingla vers le cap Horn, étudia quelque temps la Terre de Feu, côtoya une région nue et froide qu'il appela Terre de Sandwich, et rentra, le 13 juillet 1775, en Angleterre, où déjà l'avait précédé le capitaine Furneaux, commandant l'*Aventure*, que les vents et les courants avaient depuis longtemps séparée de la *Résolution*, montée par Cook.

Le grand navigateur, comblé d'honneurs et d'égards, avait bien le droit de se reposer après tant de fatigues. Il entreprit cependant un *troisième voyage*, qui avait particulièrement pour objet la découverte d'un passage au nord de l'Amérique, entre l'Atlantique et le Pacifique. Il partit de Plymouth, le 12 juillet 1776, avec deux navires, la *Résolution*, de glorieuse mémoire, et la *Découverte*. Il doubla le cap de Bonne-Espérance, toucha à la terre, triste et nue, que le Français Kerguelen avait récemment trouvée et que Cook appela île de la Désolation, puis il navigua l'espace de 300 lieues au milieu de brouillards intenses, qui répandaient autour des navires une obscurité complète; il arriva enfin à la Terre de Diemen (Tasmanie), qu'il crut être la partie méridionale de la Nouvelle-Hollande. Il revit la Nouvelle-Zélande, se dirigea ensuite au nord, découvrit les îles Manaïa, qu'on a depuis appelées l'archipel de Cook; il visita de nouveau les îles des Amis et Tahiti, à laquelle il fit présent, entre autres animaux, de chevaux qui excitèrent au plus haut point l'étonnement et l'admiration des habitants, surtout quand ils virent comment ils servaient de monture.

De là Cook fit voile au nord, et vers 21° de latitude nord, il découvrit un bel archipel, qu'il appela les îles Sandwich, en mémoire de son noble patron et ami lord Sandwich, chef de l'Amirauté anglaise; dans la langue des indigènes, ce sont les îles Havaïi. Les insulaires, parlant une langue à peu près semblable à celle des Tahitiens, l'accueillirent parfaitement, se prosternèrent devant lui comme pour rendre hommage à un être supérieur, et se montraient d'ailleurs plus industrieux et plus civilisés que la plupart des insulaires qu'il avait vus jusqu'à présent.

Pour accomplir l'objet spécial de sa mission, Cook se rendit à la côte occidentale de l'Amérique du Nord, la longea longtemps et entra dans le détroit de Beering, où il donna le nom de cap du Prince de Galles à l'extrémité nord-ouest de l'Amérique.

Il s'avança dans l'océan Glacial, jusqu'à 70°44' de latitude; mais là un mur de glace lui barra le passage; il revint, s'arrêta quelque temps aux îles Aléoutiennes, et reprit la route des îles Sandwich, où il séjourna particulièrement dans la plus grande, celle qui porte spécialement le nom d'Havaïi. Il se fixa sur la côte méridionale de cette île, à la baie de Karakakoua, où les naturels, pleins d'admiration, et montés sur des milliers de canots, lui apportèrent avec empressement toutes sortes de provisions et de présents.

Cook quitta la côte de Karakakoua, le 4 septembre 1779; malheureusement un coup de vent brisa un des mâts de la *Résolution;* il fallut rentrer dans la baie pour le réparer. Pendant ce travail, on eut à se plaindre de plusieurs vols que les indigènes firent aux Anglais. Le châtiment des voleurs donna naissance à des querelles; les Havaïens devinrent hostiles; Cook descendit à terre avec un détachement de soldats de marine; un combat s'engagea; l'illustre chef, resté seul sur un rocher, fut frappé mortellement par un insulaire; d'autres achevèrent de le tuer en le perçant de leurs poignards. Les Anglais, consternés et pleins de douleur, quittèrent cette triste plage, en confiant le commandement de la *Résolution* au capitaine Clarke. Quant aux Havaïens, ils regrettèrent plus tard amèrement le crime qui leur avait enlevé celui dont ils avaient éprouvé l'amitié et la bienveillance: ils l'adorèrent comme un dieu tant qu'ils furent païens, et aujourd'hui qu'il sont chrétiens et très civilisés, ils bénissent son nom et sa mémoire comme ceux des plus nobles héros de leur nation.

Clarke mourut avant de revoir l'Europe; ce fut Gore qui ramena en Angleterre le navire de Cook.

Résumons l'histoire de ce grand homme en disant qu'il fut à la fois un très habile observateur, un marin consommé, un savant géographe, un esprit très sagace et un cœur excellent.

La France aussi se distingua dans le même siècle par de grands voyages maritimes. Déjà, avant Cook, elle avait eu le navigateur **Bougainville**, célèbre par ses expéditions dans le Grand Océan ; elle eut, après, un marin plus célèbre encore, **La Pérouse** [1], que ses talents, son caractère élevé et sa fin malheureuse recommandent à notre attention. Il naquit à Albi en 1741. On le voit capitaine de vaisseau en 1780 ; en 1782, chef d'une escadre dans les mers de l'Amérique du Nord, pour détruire les établissements anglais pendant la guerre de l'Indépendance américaine ; là, sans manquer à ses devoirs de chef militaire, il traita les colons avec une humanité et une générosité qui lui valurent l'estime et la reconnaissance des ennemis eux-mêmes.

En 1785, chargé d'entreprendre un voyage de découvertes par Louis XVI, qui était passionné pour la géographie et qui lui donna des instructions très détaillées, il partit de Brest, avec les frégates la *Boussole* et l'*Astrolabe*. Le commencement du voyage fut heureux ; on passa au Brésil, on doubla le cap Horn, on se rendit à l'île de Pâques, dont on étudia, plus complètement que ne l'avait fait Cook, les statues colossales et la population très ingénieuse, mais très portée au vol, comme la plupart des insulaires du Grand Océan. La Pérouse gagna, de là, les îles Havaïi et compléta les reconnaissances commencées par l'illustre Anglais. Il atteignit, au mois de juin 1786, la côte ouest de l'Amérique, qu'il longea du nord au sud, depuis le mont Saint-Élie jusqu'à la presqu'île de Californie, et où il eut la douleur de perdre plusieurs de ses plus vaillants compagnons par le naufrage de deux chaloupes au port des Français.

Il traversa ensuite le Pacifique, passa aux îles Mariannes, et s'arrêta à Macao, en Chine. Il se rendit à Manille, aux îles

1. Son nom complet est François Galaup de la Pérouse.

Lou-tchou, sur la côte orientale de la Corée, au Japon, sur la côte de Mandchourie, qu'il contribua beaucoup à faire connaître; à l'île Sakhalien, presque inconnue avant lui, et passa par le détroit qui sépare cette île de celle de Yéso, et qui a pris le nom de détroit de La Pérouse.

On se dirigea de là vers le Kamtchatka, où le navigateur français eut la noble inspiration de faire graver des inscriptions honorables sur le tombeau de l'astronome Delisle de la Croyère, que l'amour de la science avait conduit à l'extrémité de l'Asie, et sur celui du capitaine Clarke, successeur de Cook; il obtint du gouverneur de ce pays la permission de renvoyer par terre, en Europe, le comte de Lesseps (grand-père du créateur du canal de Suez), qui avait accompagné l'expédition comme interprète de la langue russe, et qui rapporta en France les relations et les cartes du voyage exécuté jusque-là.

La Pérouse revint alors vers le sud : il arriva aux îles Samoa ou des Navigateurs, et admira comme ses prédécesseurs, l'habileté des indigènes à manœuvrer leurs innombrables pirogues; mais il eut à se plaindre du massacre que ces insulaires firent d'une vingtaine de Français descendus à terre pour chercher de l'eau douce.

Quittant ce lieu fatal, il gagna les îles des Amis, puis Botany Bay, où il rencontra des navires anglais qui se chargèrent de rapporter en Europe la suite de son journal et de ses cartes.

Il partit de Botany Bay en décembre 1788. Depuis, il n'a plus adressé de ses nouvelles. L'inquiétude où l'on était du sort de l'expédition engagea le gouvernement français à envoyer à sa recherche, en 1791, l'amiral *d'Entrecasteaux*. Celui-ci parcourut une grande partie de l'Océanie et particulièrement les îles situées à l'est de la Nouvelle-Hollande, sans découvrir les traces de La Pérouse.

Ce ne fut qu'en 1826 qu'on sut enfin quelque chose sur les derniers évènements de l'histoire de l'éminent marin et de ses compagnons.

Le capitaine anglais Dillon, commandant d'un navire de la Compagnie des Indes, se trouvant alors à l'île de Tucopia, au sud-est de l'archipel de Santa-Cruz, y remarqua une garde d'épée en argent sur laquelle étaient gravées les initiales du nom de La Pérouse, et apprit bientôt qu'il y avait de plus, dans cette île, des verrous en fer, des haches, des couteaux, des tasses à thé, une cuillère d'argent et quelques autres objets, tous de fabrication française; que ces objets y avaient été apportés de Vanikoro, île de l'archipel de Santa-Cruz, éloignée de Tucopia de deux journées de navigation en canot. On lui dit que, bien des années auparavant, deux grands navires avaient été jetés et brisés sur les bancs de corail de cette île, et que l'équipage de l'un d'eux, qui avait coulé bas, avait entièrement péri, tandis que les hommes qui montaient l'autre étaient descendus à terre pour construire un petit bâtiment avec ce qui restait du plus grand, et étaient partis ensuite, laissant néanmoins à Vanikoro quelques-uns d'entre eux. Dillon raconta dans l'Inde ce qu'il avait appris, et fut autorisé par le gouvernement de ce pays à faire toutes les recherches nécessaires sur le sort de l'expédition de La Pérouse. Il partit donc pour Vanikoro, en 1827; il y recueillit tout ce que les Français avaient laissé : il retira, des bancs de corail, plusieurs canons de bronze; il acheta, des naturels, quelques fragments d'un théodolite (instrument pour observer les astres), un chandelier d'argent, une planche sur laquelle était sculptée une fleur de lis, des pierres à meule, une cloche marine, des barres de fer, de la porcelaine, des tubes de baromètre, etc., et vint offrir au roi Charles X ces débris de l'expédition française. La Pérouse périt-il sur le banc de corail? Fut-il un de ceux qui sortirent de l'île, ou l'un de ceux qui y restèrent vivants? On n'a pas pu le savoir. On ne connaîtra jamais, sans doute, exactement comment se termina la vie de ce grand marin.

Dumont d'Urville a recherché aussi à éclaircir le sort de La Pérouse, comme nous le disions tout à l'heure. Mais parlons d'abord des commencements de la carrière de ce navigateur, qui fut à son tour une des gloires de la marine française. Il naquit à Condé-sur-Noireau, en Normandie, en 1791; fit partie d'une expédition d'observations maritimes dans la mer Noire, en 1819-1820, et rapporta en France, de l'une des îles de l'Archipel, la célèbre Vénus de Milo, qu'avait découverte le comte de Marcellus, attaché à l'ambassade française de Constantinople. Il accompagna, en 1822, le capitaine Duperrey dans son voyage de circumnavigation, et fut lui-même chargé, en 1826, de diriger une expédition scientifique avec les corvettes l'*Astrolabe* et la *Zélée*. Il partit pour l'Océanie, et, connaissant les découvertes de Dillon à Vanikoro, il se rendit dans cette île, où il arriva le 21 février 1828, et sur les récifs de laquelle il trouva encore de nouveaux débris du naufrage de La Pérouse : des ancres, des canons, etc. Il érigea alors sur l'île, en l'honneur de son infortuné compatriote, un monument qui fut inauguré au bruit de l'artillerie des bâtiments [1]. On a donné depuis lors le nom de La Pérouse à l'archipel de Santa-Cruz.

Dumont d'Urville poursuivit ensuite, jusqu'en 1829, ses grandes explorations, qui ont embrassé d'innombrables détails sur les îles Viti, la Nouvelle-Bretagne, les Carolines, etc.

Il entreprit de nouvelles recherches, en 1837, avec les mêmes navires. Il s'avança cette fois dans les mers antarctiques, et commença par l'exploration des îles glaciales qui s'étendent loin au sud de la Terre de Feu. Il y découvrit la Terre de Louis-Philippe et la Terre de Joinville; puis, s'enfonçant à l'ouest, il alla jusqu'au cercle polaire austral ; là il vit des régions nouvelles qu'il appela Terre Adélie et Terre Clarie en mémoire de sa femme et de son fils; il voulait aller plus au sud, mais des banquises de glace, tout à fait impénétrables, s'opposèrent à ses efforts. A son retour, il eut à courir les plus grands périls, surtout dans le détroit de Torrès : de cruelles maladies, le scorbut, la dysenterie, attaquèrent ses équipages. Enfin, rentré en France, comblé des honneurs dus à ses grands travaux, entouré de l'estime et de la considération qui s'attachaient à son mérite, il jouissait

1. On a élevé, au musée de marine, au Louvre, un autre monument en mémoire de La Pérouse : c'est une pyramide, sur laquelle sont disposés tous les débris trouvés de son naufrage.

du fruit de ses longues fatigues, lorsque cet homme, qui avait échappé aux dangers d'immenses voyages maritimes, périt, avec sa femme et son fils, dans une catastrophe d'un court chemin de fer, près de Bellevue-Meudon, le 8 mai 1842, en revenant de Versailles à Paris.

Parlons maintenant d'un capitaine anglais, **Parry**, un des hardis navigateurs des mers arctiques, où tant d'hommes éminents, les *Franklin*, les *Ross*, les *Mac-Clure*, les *Hayes*, les *Hall* et beaucoup d'autres ont affronté les plus grands périls.

Edouard Parry naquit à Bath, en 1790. Tout jeune encore, il se distingua dans la marine militaire pendant la guerre avec la France. Il s'associa avec John Ross, en 1818, pour la recherche du *passage du Nord-Ouest* (au nord de l'Amérique); mais cette expédition, qui s'avança assez loin dans la mer de Baffin, eut peu de fruit. En 1819, Parry essaya seul une excursion plus fructueuse, avec les bâtiments l'*Hekla* et le *Griper ;* il franchit le détroit de Lancastre, découvrit le détroit de Barrow, l'île Melville et un ensemble d'autres terres considérables qu'on a appelé depuis l'archipel Parry. Il passa l'hiver dans ces régions glacées. On se figure difficilement que des hommes puissent résister au froid cruel d'une telle saison. Le thermomètre descendit jusqu'à 51 degrés au-dessous de zéro; on s'amusa à faire glacer du mercure, et à le battre sur une enclume. Un observatoire qu'on avait élevé sur le rivage étant la proie d'un incendie, chacun se mit aussitôt à l'œuvre pour éteindre les flammes en les étouffant sous la neige. Les figures des matelots éclairées par le feu présentaient un singulier spectacle : presque tous les nez et toutes les joues étaient gelés et blanchissaient cinq minutes après avoir été exposées à l'air, de sorte que les médecins et leurs aides étaient obligés de tourner constamment autour des hommes occupés à éteindre le feu, et de frotter avec de la neige les parties attaquées, afin de rétablir la circulation.

L'habile chef faisait jouer souvent à ses officiers des pièces de théâtre pour divertir les matelots et les maintenir dans une bonne disposition d'esprit.

A peine de retour de cette pénible expédition, l'infatigable Parry en entreprend une nouvelle, en 1821 ; il passe par le détroit d'Hudson, découvre la presqu'île Melville et le détroit qui s'appelle *Fury* et *Hekla* d'après ses deux navires. Il fit une troisième expédition, en 1824, prit le détroit de Barrow et vit un de ses navires, la *Fury*, brisé par le choc d'une énorme masse de glace. Enfin il tenta un quatrième voyage en 1827, et cette fois c'est à l'est du Groenland, au nord du Spitzberg, qu'il dirigea ses courses hardies ; il y traversa des mers de glace, moitié avec des embarcations, moitié à l'aide de traîneaux, c'est-à-dire en métamorphosant les traîneaux en barques lorsque des mares d'eau se présentaient, et il atteignit ainsi 82°45′ de latitude ; c'était alors le point le plus boréal où l'on eût pénétré ; mais, en 1876, l'expédition de **Nares**, au nord-ouest du Groenland, est allée plus loin que lui, à 83°20′.

Parry fut récompensé de ses courageux travaux nautiques par des titres et des charges très honorifiques, et mourut en 1856.

Jusqu'ici nous n'avons vu, excepté Marco Polo, que des voyageurs marins. Nous voulons maintenant parler d'un explorateur de l'intérieur des terres qui mérite notre admiration et notre respect autant par ses grandes découvertes que par les éminentes qualités de son âme : nous voulons dire **Livingstone**[1].

David Livingstone, né en Écosse en 1815, était fils d'un modeste marchand. Il fut placé, à l'âge de dix ans, dans une filature de coton, et, tout en se livrant à ses occupations matérielles, il étudiait et acquérait une solide instruction élémentaire ; il suivit ensuite les cours de l'université de Glasgow pour les langues anciennes, la médecine et la théologie. Il reçut le titre de docteur et entra dans la Société des missions de Londres. Il désirait aller prêcher l'Évangile en

1. Nous pourrions encore nommer ici de grands voyageurs dans les terres, comme *Alexandre de Humboldt*, en Amérique, à la fin du siècle passé et au commencement de celui-ci ; *Mungo-Park*, en Afrique, dans le même temps ; *Caillié*, en Afrique aussi, etc. Mais l'espace restreint réservé à cette classe élémentaire ne nous permet pas de nous étendre.

Chine; mais la guerre qui venait d'éclater entre l'Angleterre et ce pays l'engagea à se diriger plutôt vers l'Afrique méridionale, pour évangéliser les Hottentots et les Cafres. Il arriva au Cap en 1840; il épousa la fille du pasteur Moffat, et commença ses travaux apostoliques et géographiques chez les Betjouanas. Il découvrit le grand lac Nyami, parcourut les cantons infestés par la redoutable mouche tsétsé, fut obligé de se frayer une route à travers des régions inondées ou couvertes de hautes herbes épineuses, et eut à lutter contre les dangers d'animaux redoutables: il fut particulièrement un jour terrassé par un lion et ne fut sauvé que par miracle.

Il s'avança au nord à travers les pays des Makololo et des Barotsé, aborda le Zambèze et découvrit dans le cours de ce grand fleuve la magnifique cataracte Victoria, qui rivalise avec celle du Niagara, en Amérique. Il entreprit l'immense voyage de ce fleuve à la côte d'Angola, sur l'Atlantique; il fit cette excursion avec de nombreux Makololo qui étaient devenus ses amis dévoués, et parvint à Saint-Paul de Loanda, ayant pour toute monture un bœuf; il triompha d'une longue et cruelle maladie que lui causèrent tant de fatigues, se remit en route, et, traversant tout le continent, arriva à l'embouchure du Zambèze, d'où il revint en Angleterre.

Il retourna en Afrique en 1858, revit le Zambèze, découvrit les lacs Nyassa et Chiroua, visita le fleuve Rovuma et prit de nouveau la route de l'Angleterre en 1864. Il avait perdu pendant ce voyage son excellente et intelligente compagne, morte victime de l'insalubrité du climat.

Dès 1865, il repartait pour l'Afrique. Son but était d'établir dans les parages du Nyassa une station de missionnaires et de trafiquants honorables, qui s'efforceraient de mettre fin à l'odieuse traite des nègres trop commune dans cette contrée; il voulait christianiser et civiliser, autant qu'il le pourrait, les indigènes de la région des grands lacs intérieurs; il avait aussi le désir de découvrir les sources du Nil. Cependant on perdit bientôt la trace de son itinéraire; le bruit de sa mort se répandit. On organisa des recherches:

Livingstone s'embarquant sur la Rovuma.

des pionniers furent envoyés dans toutes les directions par le docteur Kirk, consul anglais à Zanzibar. Une lettre du missionnaire, datée du 8 juillet 1868, vint enfin tranquilliser sur son sort; il annonçait qu'il avait découvert la rivière Tchambèze (qu'il ne faut pas confondre avec le Zambèze), et qu'il avait vu aussi un nouveau grand lac, appelé Bangouélo, d'où sort une rivière considérable coulant vers le nord et formant le lac Moéro. Livingstone ne savait pas que ce grand cours d'eau est le Zaïre lui-même, comme Stanley l'a fait voir peu d'années après.

Un long silence se fait ensuite de nouveau sur le voyageur. On était dans une vive inquiétude, lorsqu'eut lieu, pour le rechercher, la plus extraordinaire et la plus audacieuse tentative d'un simple journaliste américain, Henri Stanley, appartenant à la rédaction du *New-York Herald*. Parti de Zanzibar, et surmontant les fièvres accablantes, les attaques des indigènes et mille autres périls, il franchit la moitié du continent, arriva à Oujiji, sur le lac Tanganyika, et eut le bonheur d'y rencontrer Livingstone, le 10 novembre 1871. Il resta quatre mois avec lui, et l'accompagna dans plusieurs importantes explorations.

Stanley aurait désiré ramener en Europe avec lui son illustre compagnon; mais le missionnaire ne voulut pas quitter l'Afrique, où il avait encore tant à faire, disait-il, pour la conversion et la civilisation des indigènes, pour l'abolition du commerce des esclaves et pour des découvertes géographiques.

Il ne devait pas survivre longtemps à la prodigieuse visite qu'il venait de recevoir; il est mort, victime de la dysenterie, en mai 1873, et son corps, transporté pieusement, sur un long espace, par des nègres dévoués, a été recueilli par le lieutenant Cameron, puis embarqué à Zanzibar pour l'Angleterre, où il repose à Westminster, à côté des tombeaux des rois et des plus grands hommes de ce pays.

Cameron, dont nous venons de parler, est lui-même un grand voyageur. Il a franchi, après la mort de Livingstone, tout le continent africain depuis la côte du Zanguebar jusqu'à celle d'Angola, en traversant le lac Tanganyika, en reconnaissant l'écoulement de ce lac dans le grand fleuve Loualaba (qui est le Zaïre) et en découvrant d'importants pays entre le Tanganyika et l'Atlantique.

Stanley, dont nous avons expliqué la première excursion en Afrique, en a fait en 1875 et dans les années suivantes une seconde bien plus considérable et qui le place au niveau des plus célèbres explorateurs. Il se dirigea vers le lac Victoria, qu'il reconnut sur presque tous ses rivages; il vit deux grandes rivières qui s'y jettent et qui sont l'une ou l'autre la vraie source du Nil; il explora le sud du lac Albert, revit le lac Tanganyika et gagna le fleuve Loualaba, qu'il descendit, en remarquant avec étonnement que son cours s'avançait beaucoup au nord de l'équateur, puis se recourbait au sud-ouest pour se jeter dans l'Atlantique, sur la côte du Congo. Il reconnut que c'est le fleuve Zaïre ou Congo. C'est une des plus grandes découvertes modernes; mais quelles difficultés elle a coûtées au voyageur! Il lui a fallu franchir de nombreuses cataractes, livrer des combats sanglants à beaucoup de peuplades barbares, et affronter les dangers d'un climat souvent meurtrier. Un grand nombre de ses compagnons, hommes du Zanguebar qu'il avait emmenés dans cette expédition, périrent; il reconduisit les autres dans leur pays, par la voie maritime du Cap, et revint en Europe, où l'admiration publique l'accueillit. Depuis, il est retourné au Zaïre, pour y fonder des établissements de commerce et de civilisation. Il a proposé de donner à ce fleuve le nom de Livingstone, pour éviter la confusion de tous les noms divers que les indigènes lui appliquent dans son long cours et surtout pour rendre hommage à l'illustre voyageur.

Terminons cette biographie des grands voyageurs par **Nordenskiœld**, célèbre par ses excursions dans le Nord.

Né en Finlande, en 1832, d'une famille suédoise, Éric Nordenskiœld fit de fortes études dans ce pays et acquit de bonne heure le titre de docteur et celui de professeur. Il habita la Suède plus longtemps que son pays natal; c'est de là que, plein d'ardeur pour les découvertes arctiques, il fit plusieurs expéditions au Spitzberg et dans les mers voisines.

Il voulut ensuite prouver qu'il peut y avoir des communications maritimes faciles, pendant l'été, entre l'Europe et la Sibérie, par la voie de la Nouvelle-Zemble et de la mer de Kara; en effet, il arriva sans difficulté, en 1875, dans cette direction, à l'embouchure de l'Iénisséi, remonta ce fleuve sur une longue distance, et ouvrit ainsi au commerce une nouvelle route.

Mais ce qui a mis le comble à sa renommée, c'est son expédition de 1878-1879 à travers tout l'océan Glacial asiatique, jusqu'à l'océan Pacifique, sur le navire la *Véga*. C'est ce qu'on appelle le *passage du Nord-Est*, qu'il a constaté le premier par un voyage continu. Sans doute, d'autres navigateurs, presque tous Russes, avaient déjà vu cette côte par fractions isolées, mais personne n'avait encore fait la route tout entière d'une seule traite. Parti de Suède, il doubla le cap Nord, franchit le détroit d'Iougor, au sud de l'île Vaïgatch et de la Nouvelle-Zemble, parcourut de nouveau la mer de Kara, et longea toute la côte de la Sibérie; près du détroit de Beering, il fut emprisonné par les glaces pendant tout un long hiver. Il maintint l'hygiène la plus admirable sur son bâtiment, et tout son monde conserva une santé parfaite, malgré la rigueur du froid. Il entretint avec les indigènes Tchouktchis, habitants du voisinage, des relations suivies et très utiles.

Au retour de la belle saison, il put franchir le détroit de Beering ; il s'arrêta quelque temps au Japon, où on lui fit une brillante réception ; il contourna l'Asie au sud, et, passant par le canal de Suez, il entra dans la Méditerranée, gagna le détroit de Gibraltar et l'Atlantique, s'arrêta quelque temps en France, où il rencontra, à Paris, l'accueil le plus enthousiaste ; enfin il rentra, en avril 1880, dans sa patrie, qui le reçut d'une manière triomphale. Il a, en 1883, fait de nouvelles incursions dans les parages arctiques et visité la région groenlandaise.

Un autre voyageur célèbre par ses expéditions dans les régions arctiques, un Norvégien, Nansen, a visité le Groenland et a pu le traverser complètement, de l'E. à l'O., en 1882. Aussi hardi que Nordenskiöld, il est parti en 1893 vers le pôle Nord, avec un bateau métallique d'une forme spéciale que les glaces ne pourront briser, prêt à s'abandonner aux immenses courants glaciaires du Nord. Jamais expédition polaire n'a été préparée avec autant de soin et de science, et tout fait espérer que le hardi explorateur n'aura pas le sort de Franklin et de tant d'autres et qu'il s'avancera plus loin vers le Nord qu'aucun de ses prédécesseurs.

TABLE DES MATIÈRES

Coulommiers. — Imp. PAUL BRODARD. — 204-95.

A LA MÊME LIBRAIRIE

CLASSE PRÉPARATOIRE

Biographies d'hommes célèbres des temps anciens et modernes, par M. George Duruy, professeur d'histoire au lycée Henri IV. 1 vol. in-16, cartonné, avec gravures........ 1 25

CLASSE DE HUITIÈME

Histoire sommaire de la France, jusqu'à la mort de Louis XI, par M. George Duruy. 1 vol. in-16, cartonné........ » »

Géographie élémentaire des cinq parties du monde, par E. Cortambert. 1 vol. in-16, cartonné........ » 80

Atlas correspondant (23 cartes). Grand in-8°, cartonné........ 3 50

CLASSE DE SEPTIÈME

Histoire sommaire de la France depuis la mort de Louis XI jusqu'à 1815, par M. George Duruy. 1 vol. in-16, cartonné........ 1 75

Géographie élémentaire de la France, par E. Cortambert. 1 v. in-16, cart. 1 20

Atlas correspondant (14 cartes). Grand in-8°, cartonné........ 2 50

CLASSE DE SIXIÈME

Histoire ancienne de l'Orient, par M. V. Duruy. 1 vol. in-16, cart........ 3 »

Géographie générale du Monde et du bassin de la Méditerranée, par E. Cortambert. 1 vol. in-16, cartonné........ 1 50

Atlas correspondant (33 cartes). Grand in-8°, cartonné........ 5 »

CLASSE DE CINQUIÈME

Histoire Grecque, par M. V. Duruy. In-16, cartonné........ 3 »

Géographie de la France, par E. Cortambert. 1 vol. in-16, cartonné........ 1 50

Atlas correspondant (21 cartes). Grand in-8°, cartonné........ 3 50

CLASSES DE QUATRIÈME ET DE TROISIÈME

Histoire romaine, par M. V. Duruy. 1 vol. in-16, cartonné........ 3 50

Histoire de l'Europe et de la France, de 395 à 1270, par M. V. Duruy. 1 vol. in-16, cartonné........ 4 »

Géographie générale et géographie du Continent Américain, géographie de l'Afrique, de l'Asie et de l'Océanie, par E. Cortambert. 1 vol. in-16, cartonné........ 3 »

Atlas pour la classe de Quatrième (30 cartes). Grand in-8°, cartonné........ 5 »

Atlas pour la classe de Troisième (33 cartes). Grand in 8°, cartonné........ 5 »

CLASSE DE SECONDE

Histoire de l'Europe et de la France, de 1270 à 1610, par M. V. Duruy. 1 vol. in-16, cartonné........ 4 50

Géographie de l'Europe, par E. Cortambert. 1 vol. in-16, cartonné........ 2 »

Atlas correspondant (22 cartes). Grand in-8°, cartonné........ 3 50

CLASSE DE RHÉTORIQUE

Histoire de l'Europe et de la France, de 1610 à 1789, par M. V. Duruy. 1 vol. in-16, cartonné........ 4 50

Géographie de la France, par E. Cortambert. 1 vol. in-16, cartonné........ 3 »

Atlas correspondant (18 cartes). Grand in-8°. cartonné........ 3 50

CLASSE DE PHILOSOPHIE

Histoire de France et histoire contemporaine de 1789 à 1889, par M. G. Ducoudray. 1 vol. in-16, cartonné........ 6 »

Atlas de Géographie moderne à l'usage des élèves des classes supérieures, des candidats au baccalauréat et aux écoles du gouvernement, par Fr. Schrader, Prudent et Anthoine. 1 vol. in-folio contenant 64 cartes imprimées en couleurs, relié........ 25 »

Coulommiers. — Imp. Paul BRODARD. — 11-91.

www.ingramcontent.com/pod-product-compliance
Ingram Content Group UK Ltd.
Pitfield, Milton Keynes, MK11 3LW, UK
UKHW021155260726
13994UKWH00001B/469

9 782329 451978